中国肉类局部均衡模型及供需预测

China's Meat Partial Equilibrium Model of Supply and Demand Outlook

孙 振 王济民 著

中国农业出版社

北 京

本书得到现代农业产业技术体系建设专项资金、中国清洁发展机制基金赠款项目"农业源温室气体排放峰值、减排成本与潜力研究"以及中国农业科学院科技创新工程资助

前 言

改革开放以来，中国肉类的生产和消费经历了快速增长。目前，中国肉类总产量居世界第一位，猪肉、羊肉和禽肉产量世界第一，牛肉产量世界第三，全球肉类的三分之一产自中国。中国肉类的生产和消费不仅与农民增收、居民消费和农村环境问题密切相关，而且也与国家粮食安全直接相关，饲料用粮现已经成为中国粮食需求增长的主要因素之一。据专家估算，2013 年中国饲料粮需求约为 3 亿吨，占中国粮食总产量的一半左右。准确预测中国未来肉类供需对于维护国家粮食安全、科学制定畜牧业发展规划和更好地为肉类生产决策服务均具有重大意义。

经合组织—粮农组织（OECD-FAO）、美国农业部（USDA）和中国农业农村部市场预警专家委员会等组织均定期发布中国肉类供需的中长期预测，但上述组织的预测均存在一定程度的偏差。中国畜禽生产和消费的历史数据质量不佳是导致预测出现偏差的重要原因之一。首先，2008 年以前，国家统计局所公布的畜禽生产数据由地方各级统计部门经过层层上报汇总而得，而地方统计部门为了政绩需要往往会夸大畜禽生产规模，从而使得畜禽生产数据严重失真。中国每 5 年开展一次农业普查，通常认为农业普查的数据是真实的。国家统计局每次农业普查后都会将普查数据与上报数据进行对比，以判断上报的畜禽生产数据是否存在失真，并根据普查数据对以前年份的上报数据进行调整。1996年和2006年的两次全国农业普查表明，中国猪、牛、羊和家禽四种主要畜禽的存栏虚增幅度分别在36%～76%和11%～33%。2008年开始，国家统计局依据抽样数据来确定肉类生产数据，由于抽样数据出现造假的可能性较小，一般认为国家统计局所公布的2008年以后的中国肉类生产数据较为可靠。但2016年的第三次农业普查结果表明，尽管中国肉类总产量数据已不存在较明显的虚增现象，但个别畜种的存栏数据与普查结果仍存在较大差距。根据第三次农业普查结果，2016年中国猪、牛和羊存栏量分别比原先公布的数据调增了1.62%、-17.19%和-0.6%；肉类总产量调增了1.06%，猪、牛和羊产量分别调增了2.38%、-13.93%和1.96%。另外，2017年的禽肉产量比原先公布的数据调增了4.5%。其次，国家统计局所公布的肉类生产和消费数据是年度数据，而美国等发达国家所公布的数据多为季度数据，而季度数据能够更好地描述畜禽生产过程中的周期性特征，有利于增加肉类中长期预测的准确性。第三，国家统计局所公布的肉类消费数据也存在不足。目前国家统计局所公布的肉类消费数据仅涉及居民的户内肉类消费，而占肉类总消费四成以上的户外消费并没有纳入统计范围。第四，中国经济和社会发展正处于转型期，居民收入的增长、城市化、老龄化、肉类进出口政策、畜禽养殖与加工的技术进步、畜禽养殖的规模化、畜禽养殖废弃物治理和动物疫病等因素给肉类供需的中长期预测均带来一定的不确定性。

现有的中国肉类供需中长期预测，如果使用的是多肉种局部均衡模型，则在建模时没有充分考虑肉类生产的周期性特征，而考虑肉类生产的周期性特征的模型又往往是单肉种局部均衡模型。本研究和以往研究的主要区别在于：一是对中国畜禽的历史生产数据进行了修正，并使用修正后的数据进行模型的参数估计；二是预测模型为体现肉类生产的周期性特征的多肉种局部均衡模型；三是使用的模型为价格内生模型。

　　本书的内容结构如下：首先，对中国肉类供需的中长期预测进行了综述，分析了现有预测所存在的问题；其次，对中国肉类供需的现状和影响因素进行分析；第三，对官方所公布的肉类生产的历史数据进行了修正；第四，建立包含猪、牛、羊和禽四种主要畜禽的局部均衡模型，并使用三阶段最小二乘法获得相关估计参数；第五，通过对建立的模型使用非线性规划求解，获得 2017—2026 年中国肉类的供需预测；最后为研究结论。

　　主要研究结论为：

　　改革开放以来的四十年，中国肉类的生产和消费快速增长，肉类生产的规模化趋势和生产率不断提高，肉类价格平稳上涨。最近 30 年，中国肉类总产量和猪肉产量与时间近似呈线性关系，肉类总产量的年均增长约 240 万吨，猪肉产量的年均增长约 160 万吨。人口绝对数量增长、城市化和收入增长是中国肉类消费增长的三个主要因素。

　　尽管国家统计局根据前两次农业普查结果对中国畜禽的历史生产数据进行了调整，但调整后的畜禽生产数据仍存在一定程度的虚增。本书使用的"三阶段调整法"所获得的肉类生产修正数据要优于现有的官方公布数据，官方的肉类历史生产数据没完全调整到位，可能是一些权威组织对中国肉类供需预测存在较大偏差的主要原因。

2017—2026 年，中国肉类生产将保持低速增长，肉类总产量年均增长约 1.48%。2026 年，中国肉类总产量将达到 10 045.6 万吨，比 2017 年增长 14.2%；猪肉、牛肉、羊肉和禽肉产量分别达到 6 028.8 万吨、906.8 万吨、556.4 万吨和 2 352.7 万吨，比 2017 年分别增长 9.6%、24%、21.3% 和 21.9%。未来，猪肉在肉类生产结构中的比重继续下降，牛肉、羊肉和禽肉的产量占比微升。

2017—2026 年中国的肉类消费增长略高于产量增长，肉类进口保持快速增长，进口肉类在肉类总消费中的占比仍然较低。2026 年中国的猪肉、牛肉、羊肉和禽肉进口量之和将为 672.6 万吨，出口量之和为 79.7 万吨，比 2017 年分别增长 212.2% 和 18.8%，肉类进口增速要远高于出口增速。

未来，中国肉类的生产效率继续提高。2026 年中国的猪、牛、羊和禽肉的出栏存栏比分别达到 1.83、0.63、1.04 和 2.5，比 2017 年分别提高 15.1%、23.5%、5.1% 和 12.6%。

目　录

CONTENTS

前言

第一章　导论 ……………………………………………………………… 1

　1.1　研究背景和意义 …………………………………………………… 1

　1.2　主要研究内容和特色 ……………………………………………… 1

　1.3　中国肉类供需长期预测模型综述 ………………………………… 2

第二章　几种中国肉类供需长期预测的结果比较及存在的问题 ………… 21

　2.1　中国肉类供需的长期预测 ………………………………………… 21

　2.2　中国肉类供需长期预测存在的问题 ……………………………… 28

　2.3　预测的不确定性 …………………………………………………… 36

　2.4　过去 30 年中国肉类总产量与时间近似呈线性关系 …………… 37

第三章　中国肉类供需现状分析 ………………………………………… 40

　3.1　中国肉类的生产 …………………………………………………… 40

　3.2　中国肉类的消费 …………………………………………………… 64

　3.3　中国肉类的进出口 ………………………………………………… 75

　3.4　中国肉类的价格变动 ……………………………………………… 78

第四章　中国畜禽生产数据修正 ………………………………………… 85

　4.1　中国畜禽生产数据的虚增 ………………………………………… 85

　4.2　国家统计局对中国畜禽生产数据的调整 ………………………… 86

　4.3　中国畜禽生产数据的修正 ………………………………………… 91

第五章　中国肉类供需局部均衡模型 ················· 101

　5.1　变量选取和数据来源 ····························· 101

　5.2　模型设定和参数估计 ····························· 104

第六章　中国肉类供需长期预测 ····················· 118

　6.1　外生变量的预测 ······························· 118

　6.2　中国肉类供需预测 ····························· 119

第七章　结论 ····························· 125

参考文献 ································· 127

第一章

CHAPTER 1

导　论

1.1　研究背景和意义

改革开放以来，伴随着中国居民收入水平的快速提高和城市化进程的推进，中国肉类的生产和消费经历了快速发展。根据中国国家统计局公布的数据，中国肉类产量由 1979 年的 1 062 万吨，增加到 2016 年的 8 538 万吨，增长了 703.95%，年均增长 5.8%；人均肉类占有量由 1979 年的 10.89 千克增加到 2016 年的 61.75 千克，增长了 467.14%，年均增长 4.8%。目前，中国肉类总产量居世界第一；猪肉、羊肉和禽肉产量世界第一；牛肉产量世界第三；全球肉类的三分之一产自中国。肉类产品的生产和消费不仅与农民增收、居民消费和畜牧业环境问题密切相关，而且也与国家粮食安全问题直接相关，目前饲料用粮已经成为中国粮食需求增长的主要动因。韩昕儒（2014）测算 2010 年中国饲料粮需求为约 2 亿吨，饲料用粮占中国粮食总需求的比重为 23.2%；李国祥（2014）测算 2013 年中国饲料粮需求为约 3 亿吨，占中国粮食总产量的一半左右。准确预测中国肉类供需对于国家科学制定畜牧业发展规划、更好地满足人民的肉类需求和维护国家粮食安全均具有重大意义。

1.2　主要研究内容和特色

本书的主要研究内容如下：首先，对中国肉类产品供需中长期预测的方法、数据和预测结果进行综述，并对中国肉类历史生产数据的虚增情况及其对中国肉类长期预测的影响进行分析；其次，对中国肉类供需现状进行分析；第三，对中国肉类历史生产数据进行了修正；第四，建立包含猪、牛、羊和禽四种主要畜禽的局部均衡模型；第五，对建立的局部均衡模型使用三阶段最小二乘法进行参数估计，使用非线性规划求解法对中国肉类供需进行预测；最后，为本研究结论。

本研究的主要特色：一是对 1985—2012 年中国畜禽的生产数据进行了修正，并在供需预测时使用修正后的数据。中国畜禽的历史生产数据存在一定程度的虚增，使用虚增的数据进行供需预测必然会产生系统性偏差。二是建立反映中国肉类生产周期性特征的多肉种局部均衡模型。在建模时充分反映肉类生产的周期性特征，有利于提高预测的准确性。三是在进行预测求解时使用了非线性规划求解方法。非线性规划求解方法的优点在于即便方程组不存在精确解，也可求出满意解。

1.3 中国肉类供需长期预测模型综述

1.3.1 预测模型

许多组织和学者对中国的肉类供需进行了预测，相关预测结果见下表（表 1-1）。国内学者对中国肉类供需预测以单畜种和肉类总量预测为主，黄季焜（2003）的 CAPSiM 模型虽然研究的是多畜种，但并没有公开其预测值，故未在表中显示。

表 1-1 不同组织和学者对中国肉类供需的中长期预测

单位：万吨

来 源	品种	模 型	预测时间段	年均产量增长	年均消费量增长
胡向东（2011）	猪	市场模型	2009—2020	92.32	117.18
张超（2013）	猪	神经网络模型	2010—2012	—	137
马福玉（2013）	猪	神经网络模型	2010—2012	—	110.07
农业部市场预警专家委员会（2015）	猪	局部均衡模型	2015—2024	76.9	78.9
USDA（2015）	猪	局部均衡模型	2015—2024	102.96	110.59
OECD-FAO（2014）	猪	局部均衡模型	2014—2023	40.07	52.56
霍灵光（2010）	牛	聚类类比法	2007—2020		51.85
张伶燕（2010）	牛	ARIMA（1，2，1）模型	2006—2010	42.28	—

（续）

来 源	品种	模 型	预测时间段	年均产量增长	年均消费量增长
农业部市场预警专家委员会（2015）	牛	局部均衡模型	2015—2024	13.9	15.3
USDA（2015）	牛	局部均衡模型	2015—2024	1.25	6.25
OECD -FAO（2014）	牛	局部均衡模型	2014—2023	9.82	14.3
刘玉凤（2014）	羊	市场模型	2013—2020	4.55	5.52
丁丽娜（2014）	羊	局部均衡模型	2015—2025	14.85	16.9
农业部市场预警专家委员会（2015）	羊	局部均衡模型	2015—2024	12	13.8
OECD-FAO（2014）	羊	局部均衡模型	2014—2023	9.44	—
申秋红（2008）	禽	局部均衡模型	2010—2020	84.6	95.2
农业部市场预警专家委员会（2015）	禽	局部均衡模型	2015—2024	35.6	34.08
OECD -FAO（2014）	禽	局部均衡模型	2014—2023	54.22	52.11

上表中，在计算年均产量增长量和年均消费量增长量时，基期产量使用的是国家统计局公布的产量数据。一些国际组织对中国肉类产量的预测存在一定偏差。例如，OECD -FAO Agricultural Outlook 2014—2023 和 USDA 2015 年的基准预测对 2014 年中国牛肉的产量预测分别为 658.6 万吨和 652.5 万吨，远低于国家统计局公布的 689 万吨；如果使用 OECD-FAO 和 USDA 对 2014 年中国牛肉产量的预测值作为基期值，则上表中 OECD-FAO 和 USDA 对未来中国牛肉的年均产量增长的预测值分别为 13.2 万吨和 4.9 万吨。上表也显示，不同组织或学者对中国肉类供需的预测存在较大差异。以猪肉为例，USDA 预测未来 10 年中国猪肉产量的年均增长为 102.96 万吨，而 OECD-FAO 的预测仅为 40.07 万吨。

由上表可知，相关组织和学者对中国肉类供需的中长期预测主要使用三种模型：一是局部均衡模型（市场模型也可以看作是一种局部均衡模型），该模型使用最为普遍，预测精确度相对较高，适合肉类供需的长期预测；二是神经网络模型，该模型对于未来 3 年以内肉类产品消费的中期预测效果较好；三是其他方法，如聚类类比法和 ARIMA（1, 2, 1）

模型，这些模型由于预测误差较大，不适宜作为肉类产品的长期预测工具。

对中国肉类供需长期预测所采用的模型形式争议较少，局部均衡模型是目前中国肉类供需长期预测所使用的主流预测模型，对中国肉类供需有影响的预测多使用该种模型。局部均衡模型既可对多畜种供需进行预测，例如 OECD-FAO、美国食品和农业政策研究所（FAPRI）、中国农业部市场预警专家委员会、Fuller（1997）和黄季焜（2003）等；也可对单畜种供需进行预测，例如胡向东（2011）、申秋红（2012）和丁丽娜（2014）等。也有学者使用其他的模型对中国单畜种的产量或需求量进行预测，如张伶燕（2008）使用时间序列模型对未来 5 年中国牛肉产量进行预测，但预测效果较差；张超（2013）、马福玉（2013）使用神经网络模型对未来 3 年中国猪肉需求量进行预测，预测效果较佳。需要指出的是，OECD-FAO、USDA 和中国农业部市场预警专家委员会虽然定期公布中国肉类供需预测，但其预测模型并没有公开。

有关中国肉类的局部均衡模型一般由生产模型、消费模型、进出口模型和均衡条件四部分组成，部分作者的模型中还含有价格转移模型，如胡向东（2011）和刘玉凤（2014）。肉类供需局部均衡模型中的价格变量既可以是外生变量也可以是内生变量，如果肉类供需是通过价格调整来达到市场均衡，则模型属于价格内生模型；如果肉类供需是通过进出口调整来达到市场均衡，则模型属于价格外生模型（黄季焜，2003）。以现有文献来看，有关中国肉类的局部均衡模型中，如果存在价格转移模型，那么该模型的肉类供需往往是通过进出口调整来达到市场均衡，故一般属于价格外生模型。一般认为，对于中国肉类供需的长期预测，价格内生模型能够取得更好的预测效果。

现有的中国肉类供需局部均衡模型往往采用结构式模型，建模时通常使用较灵活的双对数模型。如黄季焜（2003）的 CAPSIM 模型，在供给模型中，畜产品产量是畜产品生产者价格的柯布—道格拉斯函数，其百分比变动受疾病及其他外生变量冲击影响；在需求模型中，肉类需求是消费者价格、实际收入和市场发育率变量的柯布—道格拉斯函数。

下面介绍三种代表性的肉类供需长期预测模型。

1. FAPRI 模型

FAPRI 的农产品和政策分析系统由五部分组成。

一是季度畜禽产品模型。该模型对未来美国猪肉、牛肉、肉鸡和火鸡的供给、需求和价格进行预测。另外，FAPRI 也有年度畜禽产品模型。

二是美国作物模型。该模型对未来美国玉米、小麦和大豆等主要农作物的供给、需求和价格进行预测。

三是饲料粮、小麦和大豆的国际贸易模型。用来预测美国这些作物的主要贸易国供给、需求、价格和贸易。

四是美国政府农业支出模型。用来预测美国国内农业政策的财政支出。

五是农户净收入模型。用来预测美国农业的现金收入、生产成本和农户净收入。

各模型之间关系见图 1-1。系统中的每个模型可以被单独求解，但一般情况下，在给定政府政策、宏观经济条件、气候假设和其他外生变量假定情况下，整个系统被同时求解。当所有市场同时均衡时，满足所有子模型的均衡价格和其他内生变量被同时求解获得。

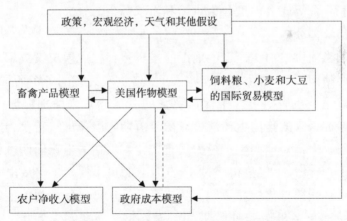

图 1-1 FAPRI 的农产品和政策分析系统

FAPRI 季度畜禽模型由 Iowa 大学农业和农村发展中心创建，该模型由猪肉、牛肉和鸡肉模型组成。各肉类模型之间关系见图 1-2。每种肉类模型通过它的零售价格与其他肉类模型产生相互关系，各种肉类的相对价格变动对不同肉类的生产和消费产生影响。畜禽模型通过玉米和豆粕等饲料粮价格与饲料粮模型产生联系。

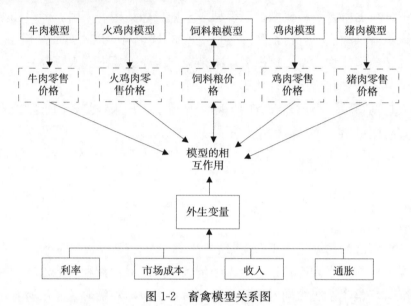

图 1-2　畜禽模型关系图

下面以猪肉模型为例进行介绍。美国季度数据的猪肉模型包含 10 个行为方程和 8 个等式。模型分为供给和需求两个部分。

（1）供给部分

猪肉的当前供给由生产者的前期能繁母猪存栏规模决策决定。能繁母猪规模决定猪肉的生产能力，也决定了生猪生产后续的各个阶段的规模。生产者可以通过在屠宰过程中保留更多的后备母猪来增加能繁母猪的数量，从而增加未来的猪肉生产能力。由于短期内后备母猪转化为能繁母猪的数量有限，生猪短期的生产能力很难变化。生猪的生物周期过程：仔猪饲养期为 1～2 个月，仔猪再经过 4～5 月育肥可出栏，生猪从出生到出栏大约 6 个月；能繁母猪的怀孕期大约 4 个月，从母猪怀孕到生猪出栏需要 10 个月左右；后备母猪 7～8 个月可怀孕，整个周期完成需要 1.5 年的时间。猪肉供给的存量和流量关系见图 1-3。

猪肉供给部分反映了猪肉生产的整个过程。

新增能繁母猪方程采用 Logistic 函数形式，方程估计方法为非线性最小二乘法（NLS），模型形式如下。

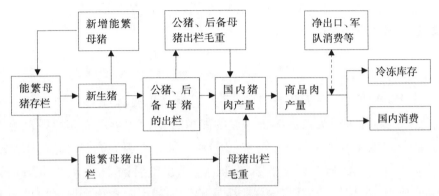

图 1-3 猪肉供给关系图

$$ABHUS_t = 0.5PCUS_{t-2}/[1 + \exp(a_1 + a_2D2 + a_3D3 + a_4D4 +$$
$$a_5(FPPK/PKFC)_{t-1} + a_6(FPPK/PKFC)_{t-2} + a_7RIFCL_{t-1} +$$
$$a_8RIFCL_{t-2} + a_9\log T)] \tag{1}$$

式中，$ABHUS$，$PCUS$，$FPPK$，$PKFC$，$RIFCL$，D 和 T 分别表示新增能繁母猪数量，新生猪数量，生猪价格，饲料价格，实际利率，季度虚拟变量和对数时间趋势变量；α 为待估参数。

该 Logistic 函数的分子为 0.5 乘以滞后 2 个季度的新生猪数量，该分子为当前新增能繁母猪的上界限，这反映了新增能繁母猪的生物性限制。幼猪转变为能繁母猪需要约 2 个季度时间，当前的新增能繁母猪数量由 2 个季度前的新生猪数量二分之一决定（假定新生猪的二分之一为母猪）。生产者根据未来生猪生产的盈利预期变化制定能繁母猪的存栏规模决策。生猪生产的盈利预期受前 1~2 季度的生猪价料比影响，前期的价料比越高，生产者将后备母猪转化为能繁母猪的比例越高。新增能繁母猪方程采用 Logistic 函数形式，意味着生猪价料比的增长对后备母猪留存比例增加的影响是边际递减的。实际利率反映了生产者的资金成本，前 1~2 季度的实际利率会对当前新增能繁母猪决策产生显著影响。方程中的季节虚拟变量用来捕捉生产过程中的季节性变化；时间趋势变量用来捕捉与能繁母猪存栏相关的生产效率的提高，通过减少仔猪的断奶时间和更科学地管理，能繁母猪存栏环节变得效率更高。

能繁母猪出栏方程与新增能繁母猪方程类似，也采用 Logistic 函数形式，方程估计方法为非线性最小二乘法（NLS），方程形式如下。

$$SSUS_t = BHUS_{t-1}/[1+\exp(a_1+a_2D2+a_3D3+a_4D4+a_5(FPPK/PKFC)_t + a_6(FPPK/PKFC)_{t-1}+a_7RIFCL_t+a_8RIFCL_{t-1}+a_9\log T)]$$

$$(2)$$

式中，$SSUS$，$BHUS$ 分别表示能繁母猪出栏和能繁母猪存栏。该 Logistic 函数的分子为滞后 1 个季度的能繁母猪存栏量，该存栏量也可看做是能繁母猪出栏的上界限。之所以滞后一期，是因为能繁母猪的淘汰通常发生在仔猪断奶后，仔猪的断奶期通常在出生后的 3～4 周。生猪价料比和实际利率也对能繁母猪出栏产生影响，但滞后阶数比新增能繁母猪方程前移 1 个季度，这意味着能繁母猪的淘汰受到当期的生猪价料比和实际利率影响。同样，时间趋势变量用来捕捉与能繁母猪出栏相关的生产效率的提高，季节虚拟变量用来捕捉生产过程中的季节性变化。

当期能繁母猪存栏等于能繁母猪的前期存栏加上当期新增能繁母猪减去当期能繁母猪出栏，可用下式表示：

$$BHUS_t = BHUS_{t-1}+ABHUS_t-SSUS_t \qquad (3)$$

新生猪数量方程如下，方程估计方法为限制最小二乘法（RLS）：

$$PCUS_t = (a_1+a_2\log T)\times BHUS_t\times D1+(a_3+a_4\log T)\times BHUS_t\times$$
$$D2+(a_5+a_6\log T)\times BHUS_t\times D3+(a_7+a_8\log T)\times$$
$$BHUS_t\times D4 \qquad (4)$$

式中，$PCUS$ 为季度新生猪数量。本季度新生猪数量由当期能繁母猪存栏量决定；方程中引入季节性虚拟变量用来捕捉母猪繁殖的季节性变化；引入时间趋势变量用来捕捉母猪繁育的技术进步和效率提高。

季度生猪出栏（公猪和后备母猪出栏）方程如下，方程估计方法为限制最小二乘法（RLS）：

$$BGSUS_t = (a_1D1+a_2D2+a_3D3+a_4D4+a_5D4\times\log T)\times$$
$$PCUS_{t-2} \qquad (5)$$

式中，$BGSUS$ 为季度生猪出栏。本季度生猪出栏由前 2 季度的新生猪数量决定；方程中引入季节性虚拟变量用来捕捉生猪出栏的季节性变化；引入时间趋势变量用来捕捉生猪养殖的技术进步和效率提高。

生猪（公猪和后备母猪）出栏毛重方程如下，方程估计方法为广义最小二乘法（GLS）：

$$LWBG_t = a_1 D1 + a_2 D2 + a_3 D3 + a_4 D4 + a_5 (FPPK/PKFC)_t$$

(6)

式中，$LWBG$ 表示生猪出栏毛重。生猪的出栏毛重受当期生猪价料比影响，一般情况下，当价料比增加时，生产者趋向于让生猪有着更高的出栏毛重。方程中引入季节性虚拟变量用来捕捉生猪出栏毛重的季节性变化。

能繁母猪出栏毛重方程如下，方程估计方法为广义最小二乘法（GLS）：

$$LWS_t = a_1 D1 + a_2 D2 + a_3 D3 + a_4 D4 + a_5 (FPPK/PKFC)_t$$

(7)

式中，LWS 表示能繁母猪出栏毛重，能繁母猪出栏毛重方程与生猪出栏毛重方程类似。

国内猪肉产量（按猪的毛重计算）等于生猪出栏量、能繁母猪出栏量分别乘以各自对应的毛重的和：

$$PPF_t = BGSUS_t \times LWBG_t + SSUS_t \times LWS_t$$

(8)

上式中，PPF 表示国内猪肉产量（按猪的毛重计算）。

商品猪肉产量（按猪的胴体重计算）如下，方程估计方法为广义最小二乘法（GLS）：

$$TOTSPK_t = 0.615\,1 \times (PPF_t/1\,000) + aT$$

(9)

$TOTSPK$ 代表商品猪肉产量（按猪的胴体重计算）。样本期，美国猪的胴体重为毛重的 $0.615\,1$，时间趋势变量用来捕捉猪肉出肉率的提高。

（2）需求部分

人均猪肉需求方程假定消费者的猪肉消费在短期对收入和价格的调整不充分，而在长期，猪肉消费则会被充分调整。该方程充分体现了消费者猪肉消费的短期和长期行为差异，该方程的估计方法使用似不相关回归法（ITSUR）：

$$\Delta_4 \log PCPK_t = D + \sum_{j=1}^{k} \beta_j \Delta_4 \log X_{jt} + (\alpha - 1) \begin{bmatrix} \log PCPK_{t-4} \\ -\sum_{j=1}^{k} \varepsilon_j \log X_{t-4} \end{bmatrix}$$

(10)

Δ_4 表示 4 阶微分，$PCPK$ 表示人均猪肉消费，X 表示需求条件变量（包括牛肉零售价格、猪肉零售价格、鸡肉零售价格、食品价格指数和人均食物消费支出）。因为猪肉消费会受到猪肉和替代肉类价格影响，所以猪肉零售价格、牛肉零售价格和鸡肉零售价格（美国羊肉消费量很小，故羊肉价格没有考虑）作为条件变量进入猪肉需求方程；食品价格指数和人均食物消费支出衡量被用作衡量其他竞争性食物价格而进入猪肉需求方程。

消费者行为理论并不适用于消费者的短期肉类消费行为。在短期，由于消费习惯和信息的可获得性，当肉类价格和收入发生变化时消费者往往会对肉类消费的调整出现滞后和不充分。因此在猪肉需求方程中，猪肉的短期消费行为仅会受一致性限制约束。在长期，消费者能够完全识别肉类的价格和收入变化，并能够对肉类消费做出充分调整，消费行为与消费者行为理论相一致。因此在猪肉需求方程中，猪肉的长期消费行为会同时受到一致性和对称性限制约束。因为，猪肉需求方程为双对数形式，参数 β 和 ε 可分别看作是猪肉消费的短期和长期弹性。一般情况下，长期弹性会大于短期弹性。$\alpha-1$ 用来衡量消费者的短期猪肉消费水平向长期消费水平的调整速度；α 取值越大意味着调整速度越慢，样本期美国猪肉的 α 值为 0.25。

猪肉零售农户价差方程如下，方程估计方法为普通最小二乘法（OLS）：

$$MARGIN_t = a_1(RPPK/CPI)_t \times D1 + a_2(RPPK/CPI)_t \times D2 +$$
$$a_3(RPPK/CPI)_t \times D3 + a_4(RPPK/CPI)_t \times D4 +$$
$$a_5(RPPK/CPI)_t \times (TOTSPK/POP)_t + a_6 MKTCOST_t +$$
$$a_7(PKBYP/CPI)_t + a_8 MARGIN_{t-1} \qquad (11)$$

$MARGIN$ 表示猪肉零售农户价差，$RPPK$ 表示猪肉零售价格，POP 表示总人口，$MKTCOST$ 表示市场成本，$PKBYP$ 表示副产品价格。猪肉零售农户价差是猪肉零售价格、猪肉零售价格乘以人均商品猪肉产量（按猪的胴体重计算）、市场成本、猪肉副产品价格和猪肉零售农户价差的滞后。市场成本主要包括肉类加工工人的工资和燃料、设施成本；猪肉零售农户价差的滞后用来捕捉该价差的黏性；为了剔除通胀的影响，上述价格变量均使用 CPI 进行调整。

　　猪肉零售农户价差与猪肉零售价格、商品猪肉产量和市场成本呈正相关，更高的猪肉零售价格、猪肉产量和市场成本意味着更高的猪肉零售农户价差。猪肉零售农户价差与副产品价格呈负相关，副产品价格越高，该价差越低。猪肉零售农户价差具有很强的黏性，样本期价差方程关于美国猪肉零售农户价差的滞后项的系数为 0.404 1。

　　生猪价格等式如下：

$$FPPK_t = (RPPK_t - MARGIN_t \times CPI_t) \times 100 \qquad (12)$$

　　FPPK 表示生猪价格，该价格等于猪肉零售价格减去猪肉零售农户价差。

　　猪肉期末冷冻库存方程如下，方程估计方法为普通最小二乘法（OLS）：

$$ENDSTKS_t = a_1 D1 + a_2 D2 + a_3 D3 + a_4 D4 + a_5 RPPK_t + a_6 TOTSPK_t + a_7 BNGSTKS_t \qquad (13)$$

　　ENDSTKS，BNGSTKS 分别表示猪肉期末和期初冷冻库存。猪肉期末冷冻库存主要受猪肉零售价格、商品猪肉产量（按猪的胴体重计算）和期初库存影响。猪肉期末冷冻库存与猪肉零售价格呈负相关，与猪肉产量和期初库存呈正相关。猪肉零售价格越高，期末冷冻库存越低；猪肉产量和期初库存越高，期末冷冻库存越高；季节虚拟变量被用来捕捉库存的季节性变化。

　　猪肉期初冷冻库存等式如下，期初冷冻库存等于上期末冷冻库存：

$$BNGSTKS_t = ENDSTKS_{t-1} \qquad (14)$$

　　猪肉商业总需求量（按猪的胴体重计算）等式：

$$TOTDPK_t = TOTSPK_t + PFPD_t - ENDSTKS_t + BNGSTKS_t - EXPTS_t + IMPTS_t - SHPMTS_t - MILUSE_t \qquad (15)$$

　　TOTDPK、PFPD、EXPTS、IMPTS、SHPMT 和 MILUSE 分别表示猪肉商业总需求、农场猪肉产量（按猪的胴体重计算）、猪肉进口、猪肉出口、在途运输猪肉和军队消费。猪肉商业总需求等式也可看做是美国猪肉市场的市场出清条件，即猪肉商业总需求量等于猪肉总产量（猪肉商业产量与农户产量之和）减去库存变动加上净进口减去在途运输和军队消费。

人均猪肉消费（按猪的零售重量计算）用下式表示：

$$PCPK_t = (TOTDPK_t/POP_t) \times PCONVERT \qquad (16)$$

PCONVERT 代表猪的胴体重向零售重量的转化率。人均猪肉消费量（按猪的零售重量计算）等于猪肉商业总需求量（按猪的胴体重计算）除以人口数量乘以猪的胴体重向零售重量的转化率。

2. CAPSiM 模型

中国农业政策分析和预测模型（CAPSiM）的主要目标是分析各种政策和外界冲击对中国主要农产品的生产、消费、价格、市场和贸易的影响，预测中国主要农产品供给、需求、贸易和市场价格的未来变动趋势。CAPSiM 是一个涵盖中国各主要农产品农业部门均衡模型系统。该系统包含 12 种农作物和 7 种畜禽和水产品。CAPSiM 模型的肉类模型分为生产、消费、库存、国际贸易和市场均衡五部分。CAPSiM 模型对农产品供需预测和政策评价分成两个阶段：第一阶段使用经济计量方法估计各种供给和需求弹性；第二阶段将在第一阶段获得的各种弹性，依据 CAPSiM 模型中设定的各种方程形式（多数为对数线性的）转换成适用于该模型所需要的弹性，然后按照农产品市场的供需平衡关系，求解各种农产品的供给、需求、价格和贸易。

（1）肉类产品生产模型

各种肉类产品产量是肉类产品生产者价格的柯贝—道格拉斯函数，其百分比变动受疾病及其他外生变量冲击影响。

产量：$\log q_{it} = a_{i0}^q + \sum_j b_{ij}^q (\log p_{jt}^s)$ $\qquad (17)$

变动关系：$\hat{q}_{it} = \hat{q}_{it} |_{without-shocks} + Z_{it}^{q1} + Z_{it}^{q2}$ $\qquad (18)$

其中，q 代表畜产品产量，p 代表价格，Z^{q1} 代表因疾病外生因子引起的肉类产品产量变化，Z^{q2} 代表因其他外生因素所引发的肉类产品产量变化；i 代表各种肉类产品，包括：猪肉、牛肉、羊肉和禽肉；j 代表各种肉类产品和投入，包括：猪肉、牛肉、羊肉、禽肉、玉米和劳动力。

参数约束条件：当 $i \neq j$ 时，$b_{ij}^q = 0$，即畜产品产量只受自身价格影响。

（2）肉类产品需求模型

CAPSiM 假定中国的肉类需求是消费者价格、实际收入和农村市场发育率的柯贝—道格拉斯函数。具体模型形式如下。

$$\log d_{it}^R = a_{i0}^{RD} + \sum_j b_{ij}^R (\log p_{jt}^D) + e_i^R \log Y_t^R + m_i \log Z_t^{MKT} \tag{19}$$

$$\log d_{it}^U = a_{i0}^{UD} + \sum_j b_{ij}^U (\log p_{jt}^D) + e_i^U \log Y_t^U \tag{20}$$

$$d_{it} = \theta_t^R d_{it}^R + \theta_t^U d_{it}^U \tag{21}$$

$$D_{it} = d_{it} \times pop \tag{22}$$

上式中 d^R，d^U 代表农村、城镇人均肉类需求量；d 代表人均肉类需求量；D 代表全国肉类总需求量；p^D 代表肉类零售价格；Y^R，Y^U 代表农村和城镇人均收入；Z^{MKT} 代表食品市场发育率；b^R，b^U 代表农村和城镇需求价格弹性矩阵；e^R，e^U 代表农村和城镇需求收入弹性向量；m 代表农村需求市场发育弹性；θ^R，θ^U 代表农村和城镇人口占总人口的比重；pop 代表总人口；i 代表各种非肉食产品。

（3）肉类库存模型

$$B_{it}^G = B_{i,\,t-1}^{stock}(1 + \psi D_{it}^G / D_{i,\,t-1}^G) - \psi B_{i,\,t-1}^{stock} + l p_{it}^D \tag{23}$$

B^G 代表库存；如果库存量不变，$\Psi = 0$，供模型长期模式使用；如果库存量占消费总量的比例不变，$\Psi = 1$，供模型短期模式使用；l 代表因农产品价格变化引起的农产品储备边际变化。

（4）贸易模型

CAPSiM 假定中国肉类进出口与国内需求存在不变替代弹性（CSE）。具体模型形式如下。

$$X_{it}^{import} = \sigma(\hat{p}_{it} - \hat{p}_{it}^{import}) + \hat{q}_{it} \tag{24}$$

$$X_{it}^{export} = -\sigma(\hat{p}_{it} - \hat{p}_{it}^{export}) - \hat{q}_{it} \tag{25}$$

$$X_{it}^{netimport} = X_{it}^{import} - X_{it}^{export} \tag{26}$$

$$P_{it}^{import} = P_{it}^{ib}(1 + PSE_{it}^{import}) \tag{27}$$

$$P_{it}^{export} = P_{it}^{xb}(1 + PSE_{it}^{export}) \tag{28}$$

$$P_{it}^{ib} = XR_t P_{it}^{cif} \tag{29}$$

$$P_{it}^{xb} = XR_t P_{it}^{fob} \qquad (30)$$

X^{import} 代表进口；X^{export} 代表出口；$X^{netimport}$ 代表净进口；XR 代表汇率；p 代表肉类价格；p^{ib} 代表进口价格，p^{xb} 代表出口价格；p^{cif} 代表到岸价格，p^{fob} 代表离岸价格；PSE 代表生产者补贴支出；i 代表各种肉类产品；上标^表示百分比变动。σ表示国内需求与净进口的替代弹性，该弹性取值为 2.2。

（5）市场均衡

$$X_{it}^{netimport} + S_{it}^G = D_{it}^G + B_{it} - B_{i,\,t-1} \qquad (31)$$

式中，S 代表肉类总产量；D 代表肉类总需求；$B_t - B_{t-1}$ 代表库存变动量；i 代表各种肉类。

3. 中国猪肉市场模型

胡向东（2015）借鉴 AGMEMOD 模型构建了中国猪肉市场模型。AGMEMOD 模型与其他局部均衡模型的主要区别是 AGMEMOD 模型中所使用的弹性可随着数据更新自动调整。模型分为生产、进出口、消费、价格传递及收入和市场出清五部分。

（1）生产模块

能繁母猪存栏量：

$$\ln(SWIVCN_t) = \alpha_0^{swiv} + \alpha_1^{swiv} \ln(HPLPCN_{t-1}/HPFCCN_{t-1}) + \alpha_2^{swiv} \ln(SWIVCN_{t-1}) + \alpha_3^{swiv} \ln(HPSICN_{t-1}) + \varepsilon_t$$

$$(32)$$

式中，$SWIVCN$ 为能繁母猪存栏量，$HPLPCN$ 为生猪价格，$HPFCCN$ 为精饲料价格，$HPSICN$ 为生猪出栏率。能繁母猪存栏由前期生猪价料比、前期能繁母猪存栏和前期生猪出栏率决定。

新增生猪数量：

$$HPPCCN_t = HPIVCN_t - HPIVCN_{t-1} + HPSLCN_t \qquad (33)$$

式中，$HPCCN$ 为新增生猪数量，$HPIVCN$ 为生猪存栏量，$HPSLCN$ 为生猪出栏量。新增生猪等于生猪存栏变动（当期生猪存栏减去上期生猪存栏）加上当期生猪出栏。

能繁母猪平均产仔数：

$$SWPLCN_t = HPPCCN_t / SWIVCN_t \qquad (34)$$

式中，*SWPLCN* 为能繁母猪产仔数，*HPPCCN* 为新增生猪存栏量，*SWIVCN* 为能繁母猪存栏量。能繁母猪产仔数等于当期新增生猪数量与能繁母猪存栏之比。

生猪存栏量：

$$\ln(HPIVCN_t) = \alpha_0^{hpiv} + \alpha_1^{hpiv}\ln(PKMPCN_t/CPIDCN_t) + \alpha_2^{hpiv}\ln$$
$$(SWIVCN_t + SWIVCN_{t-1})/2) + D + \varepsilon_t \quad (35)$$

式中，*HPIVCN* 为生猪存栏量，*PKMPCN* 为猪肉价格，*CPIDCN* 价格平减指数，*SWIVCN* 为能繁母猪存栏量，*D* 表示 1999 年、2003 年和 2004 三个生猪生产异常年份。生猪出栏量由当期猪肉价格和前半期能繁母猪存栏决定。

生猪出栏量：

$$\ln(HPSLCN_t) = \alpha_0^{hpsl} + \alpha_1^{hpsl}\ln(HPLPCN_t/HPFCCN_t) + \alpha_2^{hpsl}\ln$$
$$(SWIVCN_t) + \alpha_3^{hpsl}\ln(HPSLCN_{t-1}) + \varepsilon_t \quad (36)$$

式中，*HPSLCN* 为生猪出栏量，*HPLPCN* 为生猪价格。生猪出栏量由当期生猪价料比、当期能繁母猪存栏和前期生猪出栏量决定。

生猪出栏率：

$$HPSICN_t = HPSLCN_t/HPIVCN_t \quad (37)$$

式中，*HPSICN* 为生猪出栏率。生猪出栏率等于当期的生猪出栏量与存栏量之比。

生猪胴体重：

$$\ln(HPMWCN_t) = \alpha_0^{hpmw} + \alpha_1^{hpmw}\ln(HPLPCN_t/CPIDCN_t) + \alpha_2^{hpmw}\ln$$
$$(HPSICN_t) + \alpha_3^{hpmw}\ln(HPMWCN_{t-1}) + D + \varepsilon_t$$
$$(38)$$

式中，*HPMWCN* 为生猪胴体重，*D* 为 2001 年、2002 年、2003 年和 2004 四个胴体重异常变化时间的虚拟变量。生猪胴体重由当期生猪价格、当期生猪出栏率和前期生猪胴体重决定。

猪肉产量：

$$PKPPCN_t = HPSLCN_t * HPMWCN_t/1\,000 \quad (39)$$

式中，*PKPPCN* 为猪肉产量（以吨计）。猪肉产量等于当期的生猪出栏量乘以当期生猪胴体重。

（2）进出口模块

猪肉进口量：

$$\ln(PKIMCN_t) = \alpha_0^{pkim} + \alpha_1^{pkim} \ln(PKMPCN_t / CPIDCN_t) + \alpha_2^{pkim} \ln$$
$$(PKIMCN_{t-1}) + \alpha_3^{pkim} \ln(HPPWUS_t{}^* EXRECN_t) + \varepsilon_t$$

（40）

式中，$PKIMCN$ 为猪肉进口量，$HPPWUS$ 为国际市场生猪价格（以美元计），$EXRECN$ 为人民币对美元汇率。猪肉进口量由当期国内猪肉价格、当期国际猪肉价格和前期猪肉进口量决定。

猪肉出口量：

$$\ln(PKEXCN_t) = \alpha_0^{pkex} + \alpha_1^{pkex} \ln(PKMPCN_t / CPIDCN_t) + \alpha_2^{pkex} \ln$$
$$(PKEXCN_{t-1}) + \alpha_3^{pkex} \ln(HPPWUS_t \times EXRECN_t) +$$
$$\alpha_4^{pkex} D_{1997} + \alpha_5^{pkex} AR(1) + \varepsilon_t$$

（41）

式中，$PKEXCN$ 为猪肉出口量，D 为虚拟变量用来衡量 1997 年金融危机对猪肉出口的异常影响，引入的 AR（1）项用于消除方程的自相关。猪肉出口量由当期国内猪肉价格、当期国际猪肉价格和前期猪肉出口量决定。

（3）消费模块

城镇居民家庭人均猪肉消费：

$$\ln(PKCUCN_t) = \alpha_1^{pkcu} \ln(PKMPCN_t / CPIDCN_t) + \alpha_2^{pkcu} \ln(DIUHCN_t / CPIDCN_t) + \alpha_3^{pkcu} \ln(PKCUCN_{t-1}) + \alpha_4^{pkcu} D_{2002} + \varepsilon_t$$

（42）

式中，$PKCUCN$ 为城镇居民家庭人均猪肉消费，$DIUHCN$ 为城镇居民人均可支配收入，D_{2002} 为虚拟变量用来衡量 2002 年城镇居民家庭人均猪肉消费的异动。城镇居民家庭人均猪肉消费由当期猪肉价格、当期城镇居民人均可支配收入和前期城镇居民家庭人均猪肉消费决定。

农村居民家庭人均猪肉消费量：

$$\ln(PKCRCN_t) = \alpha_1^{pkcr} \ln(PKMPCN_t / CPIDCN_t) + \alpha_2^{pkcr} \log(NIRHCN_t / CPIDCN_t) + \alpha_3^{pkcr} \log(PKCRCN_{t-1}) + \alpha_4^{pkcr} D_{2005} + \varepsilon_t$$

（43）

式中，$PKCRCN$ 为农村居民家庭人均猪肉消费量，$NIRHCN$ 为农村居民人均纯收入，D_{2005} 为虚拟变量用来衡量 2005 年农村居民家庭人均猪肉消费的异动。农村居民家庭人均猪肉消费由当期猪肉价格、当期农村居民人均纯收入和前期农村居民家庭人均猪肉消费决定。

城镇居民户外人均猪肉消费：

$$\ln(PKAUCN_t) = \alpha_1^{pkau} \ln(PKMPCN_t/CPIDCN_t) + \alpha_2^{pkau} \ln(POPUCN_t/$$
$$POPTCN_t) + \alpha_3^{pkau} \log(DIUHCN_t/CPIDCN_t) + \varepsilon_t$$

$$(44)$$

式中，$PKAUCN$ 为城镇居民户外人均猪肉消费，$POPUCN$ 和 $POPTCN$ 分别表示城镇人口数量和总人口，两者之比表示城市化率。城镇居民户外人均猪肉消费由当期的猪肉价格、城镇化率和城镇居民人均可支配收入决定。

农村居民户外人均猪肉消费：

$$\ln(PKARCN_t) = \alpha_1^{pkar} \ln(PKMPCN_t/CPIDCN_t) + \alpha_2^{pkar} \ln(POPUCN_t/$$
$$POPTCN_t) + \alpha_3^{pkar} \ln(NIRHCN_t/CPIDCN_t) + \varepsilon_t$$

$$(45)$$

式中，$PKARCN$ 为农村居民户外人均猪肉消费。农村居民户外人均猪肉消费由当期的猪肉价格、城镇化率和农村居民人均收入决定。

猪肉的其他消费：

$$\ln(PKOCCN_t) = \alpha_0^{pkoc} + \alpha_1^{pkoc} \ln(PKMPCN_t/CPIDCN_t) + \alpha_2^{pkoc} \ln$$
$$(GDP_t/CPIDCN_t) + \alpha_3^{pkoc} \ln(PKMCCN_t) + \varepsilon_t$$

$$(46)$$

式中，$PKOCCN$ 为猪肉的其他消费，GDP 为国内生产总值，$PKMCCN$ 为城乡居民猪肉消费量。猪肉的其他消费由当期的猪肉价格、国民收入和城乡居民猪肉消费决定。

猪肉消费总量：

$$PKDDCN_t = (PKCUCN_t + PKAUCN_t) \times POPUCN_t + (PKCRCN_t +$$
$$PKARCN_t) \times POPRCN_t + PKOCCN_t \qquad (47)$$

式中，$PKDDCN$ 为猪肉总消费量。猪肉消费总量等于猪肉的户内消费、户外消费和其他消费之和。

（4）价格传递及收入方程

饲料价格国际国内市场传递：

$$\ln(HPFCCN_t) = \alpha_0^{hpfc} + \alpha_1^{hpfc} COPMUS_t \times EXRECN_t \times (1 + COSTCN_t)$$
$$+ \alpha_2^{hpfc} SMPM_t \times EXRECN_t * (1 + SOSTCN_t)$$
$$+ \alpha_3^{hpfc} \ln$$
$$(PKPPCN_t) + \alpha_4^{hpfc} \ln(HPLPCN_t) + \varepsilon_t \quad (48)$$

式中，$COPMUS$ 为国际市场玉米价格（以美元计），$COSTCN$ 为玉米进口关税税率，$SMPM$ 为国际市场豆粕价格（以美元计），$SOSTCN$ 为大豆进口关税税率。精饲料价格由当期的玉米进口价格、豆粕进口价格、猪肉产量和生猪价格决定。

生猪价格传递方程：

$$\ln(HPLPCN_t) = \alpha_0^{hplp} + \alpha_1^{hplp} \ln(HPIVCN_{t-1}) + \alpha_2^{hplp} \ln(PKMPCN_{t-1}) +$$
$$\alpha_3^{hplp} D_{2006} + \varepsilon_t \quad (49)$$

式中，D_{2006} 为时间虚拟变量，捕捉 2006 年生猪生产的异常波动，2006 年由于受蓝耳病影响生猪生产和价格出现异常变动。生猪价格由前期生猪存栏量和前期猪肉价格决定。

猪肉价格传递方程：

$$\ln(PKMPCN_t) = \alpha_0^{pkmp} + \alpha_1^{pkmp} \ln[HPPWUS_t \times EXRECN_t \times (1 +$$
$$PKSTCN_t)] + \alpha_2^{pkmp} \ln(HPLPCN_{t-1}) + \alpha_3^{pkmp} \ln$$
$$(HPIVCN_t) + \alpha_4^{pkmp} D_{2007} + \varepsilon_t \quad (50)$$

式中，D_{2007} 为时间虚拟变量，捕捉 2007 年生猪价格的异常波动；$PKSTCN$ 为猪肉进口关税汇率。猪肉价格由当期国际猪肉价格、前期国内生猪价格和当期生猪存栏量决定。

城镇居民人均可支配收入方程：

$$DIUHCN_t = \alpha_0^{diuh} + \alpha_1^{diuh} RGDPCN_t + \alpha_2^{diuh} POPUCN_t / POPTCN_t +$$
$$\alpha_3^{diuh} DIUHCN_{t-1} + \varepsilon_t \quad (51)$$

式中，$RGDP$ 为实际 GDP。城镇居民人均可支配收入由当期实际 GDP、当期城镇化率和前期城镇居民人均可支配收入决定。

农村居民人均纯收入方程：

$$NIRHCN_t = \alpha_0^{nirh} + \alpha_1^{nirh} RGDPCN_t + \alpha_2^{nirh} NIRHCN_{t-1} + \varepsilon_t \quad (52)$$

农村居民人均纯收入由当期实际 GDP 和前期农村居民人均纯收入决定。

（5）市场出清

$$PKPPCN_t + PKIMCN_t = PKDDCN_t + PKEXCN_t \quad (53)$$

模型的市场出清条件是猪肉的总供给（猪肉产量加上进口量）等于总需求（猪肉国内需求加上出口量）。

1.3.2 参数估计、求解和数据

1. 参数估计和求解

肉类局部均衡模型所需的参数值一般通过两种方法获得：一是根据相关的文献或经验来确定相关的参数值；二是通过对所建模型进行参数估计求得。当预测方程的原始数据存在欠缺或参数估计不理想时通常采用第一种方法。

对所建模型进行参数估计一般采用两种方法：单方程估计法和系统估计法。胡向东（2011）和刘玉凤（2014）采用的是单方程估计法，估计时以普通最小二乘法为主；丁丽娜（2014）采用的是系统估计法中的三阶段最小二乘法。

通过对确定参数值后的联立方程组进行求解，可获得对肉类产量、需求、进出口和价格等变量的中长期预测。在求解过程中需要首先确定外生变量取值，如未来的总人口、人均可支配收入、汇率等变量的取值，这些取值一般来自于 USDA 和 FAPRI 等国际组织的预测。求解的方法，胡向东（2011）使用的是高斯-赛德尔法，丁丽娜（2014）使用 EXCEL 的单变量求解法。

2. 数据

中国肉类供需预测所使用的生产数据和消费数据来源较为统一，即基本认同国家统计局所发布的数据。生产数据方面，如畜禽的出栏量、存栏量、胴体重和产量等多来自《中国统计年鉴》和《中国畜牧业年鉴》；消费数据方面，如城镇或农村人均肉类消费量数据多源自《中国统计年鉴》，少部分采用调研数据。

进出口数据，不同研究主体所使用的肉类进出口量数据存在较大差异，国内学者采用 FAO 的肉类进出口数据较多。由于计算口径不同，《中国海关统计年鉴》、FAO 和 USDA 的中国肉类进出口量存在一定差异。由于中国肉类净进口占肉类总消费的比例不大，进出口数据差异目前对中国肉类供需的长期预测影响不大。

价格数据，只有少数学者在预测时明确所使用的肉类价格数据来源，如胡向东（2011）采用的是《中国畜牧业统计》数据，丁丽娜（2014）采用的是农业部畜牧司集贸市场监测价格数据。

第二章

几种中国肉类供需长期预测的结果比较及存在的问题

2.1 中国肉类供需的长期预测

目前影响最广的中国肉类供需长期预测是由经合组织—粮农组织（OECD-FAO）、美国农业部（USDA）（仅公布中国猪肉、牛肉供需预测，不含羊肉和禽肉供需预测）和中国农业部市场预警专家委员会三个组织发布。这三个组织每年均发布未来 10 年中国肉类的供需展望，这三个组织对中国肉类供需的长期预测均存在不同程度的偏差。此外，也有一些学者对中国肉类供需进行了预测，如 Fuller（1997）、黄季焜（2003）、胡向东（2011）和申秋红（2012）等。

2.1.1 OECD-FAO Agricultural Outlook 预测

2018 年，OECD-FAO 预测 2027 年中国猪肉、牛肉、羊肉和禽肉产量之和为 9 681 万吨，比 2018 年增长 12.5%，年均增长 1.32%；2027 年上述四种肉类的消费量之和为 9 785 万吨，比 2018 年增长 12.1%，年均增长 1%。预计未来 9 年，这四种肉类的产量之和年均增长 119.33 万吨，这四种肉类的消费量之和年均增长 125.33 万吨（表 2-1）。

表 2-1 OECD-FAO 对中国四种肉类产量和消费量之和的预测

单位：万吨

年份	2018	2019	2020	2021	2022	2023	2024	2025	2026	2027
预测产量	8 607	8 773	8 905	9 034	9 139	9 242	9 347	9 458	9 570	9 681
预测消费量	8 657	8 830	8 985	9 114	9 247	9 355	9 462	9 566	9 674	9 785

数据来源：FAO 网站。

2018 年，OECD-FAO 预测 2027 年中国猪肉产量为 5 943 万吨，比 2018 年增长 521 万吨，年均增长 1.02%；2027 年中国猪肉消费量为 6 040 万吨，比 2018 年增长 489 万吨，年均增长 0.94%。预计未来 9 年，中国猪肉产量年均增长 57.89 万吨，消费量年均增长 54.33 万吨（表 2-2）。

表 2-2 OECD-FAO 对中国猪肉产量和消费量预测

单位：万吨

年份	2018	2019	2020	2021	2022	2023	2024	2025	2026	2027
预测产量	5 422	5 504	5 576	5 640	5 690	5 738	5 785	5 837	5 892	5 943
预测消费量	5 551	5 613	5 682	5 745	5 794	5 841	5 885	5 933	5 988	6 040

数据来源：FAO 网站。

2018 年，OECD-FAO 预测 2027 年中国牛肉产量为 885 万吨，比 2018 年增长 135 万吨，年均增长 1.85%；2027 年中国牛肉消费量为 975 万吨，比 2018 年增长 153 万吨，年均增长 1.92%。预计未来 9 年，中国牛肉产量年均增长 15 万吨，消费量年均增长 17 万吨（表 2-3）。

表 2-3 OECD-FAO 对中国牛肉产量和消费量预测

单位：万吨

年份	2018	2019	2020	2021	2022	2023	2024	2025	2026	2027
预测产量	750	774	791	810	820	829	840	853	868	885
预测消费量	822	848	869	891	905	920	934	947	961	975

数据来源：FAO 网站。

2018 年，OECD-FAO 预测 2027 年中国羊肉产量为 560 万吨，比 2018 年增长 87 万吨，年均增长 1.89%；2027 年中国羊肉消费量为 584 万吨，比 2018 年增长 87 万吨，年均增长 1.8%。预计未来 9 年，中国牛肉产量和消费量年均增长均为 9.67 万吨（表 2-4）。

表 2-4 OECD-FAO 对中国羊肉产量和消费量预测

单位：万吨

年份	2018	2019	2020	2021	2022	2023	2024	2025	2026	2027
预测产量	473	481	492	501	511	520	530	540	550	560
预测消费量	497	505	515	525	534	544	553	564	574	584

数据来源：FAO 网站。

2018 年，OECD-FAO 预测 2027 年中国禽肉产量为 2 293 万吨，比 2018 年增长 332 万吨，年均增长 1.75%；2027 年中国禽肉消费量为 2 296 万吨，比 2018 年增长 336 万吨，年均增长 1.77%。预计未来 9 年，中国禽肉产量年均增长 36.89 万吨，消费量年均增长 37.33 万吨（表 2-5）。

表 2-5　OECD-FAO 对中国禽肉产量和消费量预测

单位：万吨

年份	2018	2019	2020	2021	2022	2023	2024	2025	2026	2027
预测产量	1 961	2 014	2 046	2 082	2 119	2 155	2 192	2 227	2 260	2 293
预测消费量	1 960	2 019	2 049	2 086	2 122	2 158	2 195	2 230	2 262	2 296

数据来源：FAO 网站。

对比历史预测，除 2011 年外，OECD-FAO 对 2010—2014 年的中国四种肉类产量之和的预测值普遍小于实际值（实际值为中国国家统计局公布的官方数据），预测偏差（预测值与实际值的差额除以实际值）多数为负（表 2-6）。而 2015 年以后的四种肉类产量之和的预测值则普遍大于实际值，预测偏差多数为正。在预测模型、参数和数据正确情况下，预测偏差的符号应该是随机的。OECD-FAO 对中国四种肉类产量之和的预测偏差符号呈现的非随机性，表明 OECD-FAO 对中国四种肉类产量之和的预测可能存在系统性偏差。总体看，OECD-FAO 对中国肉类产量的预测误差不大，例如，2010 年展望的向前 7 年预测的偏差为 6.84%，2011 年展望的向前 6 年预测的偏差为 3.56%（表 2-6）。

表 2-6　OECD-FAO 对中国四种肉类产量的预测偏差

单位：万吨，%

年份	实际产量	2010 年展望的预测偏差	2011 年展望的预测偏差	2012 年展望的预测偏差	2013 年展望的预测偏差	2014 年展望的预测偏差	2015 年展望的预测偏差	2016 年展望的预测偏差
2010	7 779	−1.9	—	—	—	—	—	—
2011	7 810	1.17	0.71	—	—	—	—	—
2012	8 228	−1.86	−2.86	−2.53	—	—	—	—
2013	8 372	−0.98	−2.84	−2.75	−3.26	—	—	—
2014	8 539	0.01	−2.86	−2.81	−3.14	−1.23	—	—
2015	8 453	3.57	0.18	0.17	−0.32	1.49	2.04	—
2016	8 363	6.84	3.56	3.24	2.55	4.16	4.48	1

2.1.2　USDA 预测

USDA 每年发布未来 10 年中国猪肉、禽肉和牛肉产量的基准预测。由于 USDA 发布的中国禽肉产量数据与中国国家统计局的口径不一致，因此本书仅对 USDA 发布的具有可比性的中国猪肉和牛肉供需预测进行分析。

USDA 的 2018 年基准预测显示，2027 年中国猪肉产量为 6 281.8 万吨，比 2018 年增长 806.8 万吨，年均增长 1.54%；2027 年中国猪肉消费量为 6 427.5 万吨，比 2018 年增长 816 万吨，年均增长 1.52%。预计未来 9 年，中国猪肉产量年均增长 89.64 万吨，消费量年均增长 90.67 万吨（表 2-7）。

表 2-7　USDA 对中国猪肉产量和消费量预测

单位：万吨

年份	2018	2019	2020	2021	2022	2023	2024	2025	2026	2027
预测产量	5 475	5 592.8	5 699.5	5 784.6	5 895.3	5 976.9	6 060.6	6 127.6	6 205.3	6 281.8
预测消费量	5 611.5	5 722.3	5 828.1	5 913.8	6 028.7	6 113.2	6 200.4	6 269.1	6 348.7	6 427.5

数据来源：USDA 网站。

USDA 的 2018 年基准预测显示，2027 年中国牛肉产量为 763.2 万吨，比 2018 年增长 51.3 万吨，年均增长 0.78%；2027 年中国牛肉消费量为 921.2 万吨，比 2018 年增长 107.2 万吨，年均增长 1.38%。预计未来 9 年，中国牛肉产量年均增长 5.7 万吨，消费量年均增长 11.91 万吨（表 2-8）。

表 2-8　USDA 对中国牛肉产量和消费量预测

单位：万吨

年份	2018	2019	2020	2021	2022	2023	2024	2025	2026	2027
预测产量	711	717.4	724	728.6	733.3	739.6	746.6	752.9	757.7	762.3
预测消费量	814	827.8	841.2	850.9	861.8	875.2	888.3	899.7	911.4	921.2

数据来源：USDA 网站。

USDA 对中国猪肉产量的预测偏差与 OECD-FAO 对中国四种肉类产量之和的预测偏差趋势相似。除 2011 年外，USDA 对 2010—2014 年的中国猪肉产量的预测偏差均为负；而对 2015 年后的中国猪肉产量的预测偏差则普遍为正（表 2-9）。这表明，USDA 对中国猪肉产量的预测也有可能存在系统性偏差。USDA 对中国猪肉产量的预测精度呈现下降趋势，2010 年基准预测的向前 7 年预测的偏差仅为 5.55%，而 2016 年基准预测的向前 1 年预测的偏差就高达到 6.62%。

表 2-9　USDA 对中国猪肉产量的预测偏差

单位：万吨,%

年份	实际产量	2010 年基本预测偏差	2011 年基本预测偏差	2012 年基本预测偏差	2013 年基本预测偏差	2014 年基本预测偏差	2015 年基本预测偏差	2016 年基本预测偏差
2010	5 071	−0.81	—					
2011	5 060	1.60	1.77					
2012	5 343	−1.50	−1.79	−4.02				
2013	5 493	−2.96	−2.61	−4.43	−5.33			
2014	5 671	−4.51	−3.55	−4.29	−6.77	−3.55		
2015	5 487	0.36	0.17	0.54	−1.49	0.89	4.52	
2016	5 299	5.55	7.43	6.46	5.11	6.91	10.25	6.62

2010—2016 年，USDA 对中国牛肉产量的预测值明显低于实际产量，预测偏差始终为负，且偏差幅度较大。2010—2014 年的预测偏差为 −10.42%～17.93%；2015 年后的预测偏差出现明显下降，其中 2016 年的预测偏差为 −3.54%，为近几年的最低值（表 2-10）。USDA 对中国牛肉产量的预测偏差始终为负，表明 USDA 对中国牛肉产量的预测存在系统性偏差。USDA 对中国牛肉产量的预测明显低于实际值的原因尚不清楚。

表 2-10　USDA 对中国牛肉产量的预测偏差

单位：万吨,%

年份	实际产量	2010 年基准预测偏差	2011 年基准预测偏差	2012 年基准预测偏差	2013 年基准预测偏差	2014 年基准预测偏差	2015 年基准预测偏差	2016 年基准预测偏差
2010	653	−15.32	—					
2011	647	−13.03	−15.83					
2012	662	−12.42	−17.69	−16.65				

（续）

年份	实际产量	2010年基准预测偏差	2011年基准预测偏差	2012年基准预测偏差	2013年基准预测偏差	2014年基准预测偏差	2015年基准预测偏差	2016年基准预测偏差
2013	673	−11.59	−17.83	−15.84	−17.11	—	—	—
2014	689	−11.51	−17.93	−15.21	−16.75	−16.55	—	—
2015	700	−10.63	−16.98	−14.43	−15.47	−16.11	−8.58	—
2016	717	−10.42	−16.6	−14.56	−15.45	−16.95	−11.03	−5.34

2.1.3 中国农业部市场预警专家委员会预测

2018年，中国市场预警专家委员会预测2027年中国四种主要肉类产量之和为9 560万吨，比2018年增长13.39%，年均增长142.9万吨；2027年中国四种肉类消费量为9 903万吨，比2018年增长13.6%，年均增长131.6万吨（表2-11）。中国市场预警专家委员会预测的2027年四种肉产量之和低于OECD-FAO的预测，而消费量的预测高于后者。

表2-11　农业部市场预警专家委员会对四种肉类产量与消费量之和预测

单位：万吨

年份	2018	2019	2020	2021	2022	2023	2024	2025	2026	2027
预测产量	8 431	8 542	8 699	8 899	8 920	9 068	9 196	9 312	9 434	9 560
预测消费量	8 719	8 859	9 066	9 110	9 264	9 383	9 492	9 616	9 744	9 903

数据来源：《中国农业展望报告（2018）》。

2014年，中国农业部市场预警专家委员会首次发布《中国农业展望报告》，由于该报告发布的时间较短，因此判断其预测精度较困难，其长期预测效果有待进一步观察。2014年，该委员会预测2014年中国四种肉类的产量之和为8 554万吨，仅比实际产量高15万吨，但这并不能说明其预测准确度高（表2-12）。首先，2014年发布的展望低估了2014年中国的猪肉、牛肉和羊肉产量，高估了禽肉产量；不同肉类产量的低估和高估同时出现是导致产量预测与实际值接近的主要原因。其次，2014年发布的展望中的羊肉和禽肉产量的预测误差较大，分别达到−2.57%和3.66%。第三，与2014年发布的展望相比，2015年发布的展望将未来各

年份的肉类产量预测平均下调约 93 万吨。如果将 2014 年该委员会发布的
2014 年肉类产量的预测值下调 93 万吨，则该预测值比实际产量低 0.9%；
而 2014 年肉类产量的增长率仅为 2%，调整后的预测误差并不算小。另
外，2014 年发布的《中国农业展望报告》对 2014—2017 年的四种主要肉
类产量的预测值均高于国家统计局公布的实际产量。

表 2-12　《中国农业展望报告》对 2014 年四种肉类产量之和的预测偏差

	猪肉	牛肉	羊肉	禽肉
2014 年实际产量（万吨）	5 671	689	428	1 751
2014 年展望的预测产量（万吨）	5 627	685	417	1 825
预测偏差绝对值（万吨）	—44	—4	—11	74
预测偏差（%）	—0.78	—0.58	—2.57	3.66

数据来源：《中国农业展望报告（2014）》。

　　随着向前预测期数的增加，《中国农业展望报告》的肉类产量预测精
度明显下降。例如，2015 年四种主要肉类的向前 1 期预测误差为 2.25%，
而向前 3 期预测误差达到 6.93%（表 2-13）。

表 2-13　《中国农业展望报告》对四种主要肉类产量的预测偏差

年份	实际产量（万吨）	2015 年报告的预测偏差（%）	2016 年报告的预测偏差（%）	2017 年报告的预测偏差（%）
2015	8 454	2.25	—	—
2016	8 363	5.50	1.16	—
2017	8 431	6.93	2.22	0.13

数据来源：《中国农业展望报告》各期。

　　在四种主要肉类产量的预测中，猪肉产量的预测偏差最大。以 2015
年的预测为例，猪肉产量向前 1 期的预测误差为 4.85%，而向前 3 期预
测误差高达 11.95%（表 2-14）。

表 2-14　《中国农业展望报告》对中国猪肉产量的预测偏差

年份	实际产量（万吨）	2015 年展望的预测偏差（%）	2016 年展望的预测偏差（%）	2017 年展望的预测偏差（%）
2015	5 487	4.85		
2016	5 299	10.70	3.04	
2017	5 340	11.95	4.12	—0.36

由于中国肉类净进口占总消费的比例非常小（2014 年中国肉类净进口占总消费的比例仅为 1.2%），因此各年份的中国肉类产量与消费量大体相同。上述组织对中国未来肉类产量的高估，也意味着对中国未来肉类消费的高估。

2.2 中国肉类供需长期预测存在的问题

2.2.1 对肉类生产过程的周期性特征关注不足

中国肉类供需的长期预测模型分为单畜种模型和多畜种模型两种。国内学者在单畜种模型建模时一般会更加关注肉类生产过程中的周期性特征，如胡向东（2011）和刘玉凤（2014）。而在多畜种模型建模时，则偏重于对产量的预测，如 OECD-FAO、USDA 和黄季焜（2003）等；较少关注肉类生产过程中的周期性特征和相关的指标变化，例如存栏量、出栏量和母畜存栏量等。建模时忽视肉类生产过程中的周期性特征会对预测的准确性产生一定影响，这也是未来中国多畜种供需预测需要改进的地方。使用单畜种模型进行预测的最大不足是，需要将其他替代肉类的产量、价格等重要变量看作外生变量，而如果这些外生变量取值不准确，将会直接影响预测的准确性。从这个角度而言，对于肉类供需的长期预测，使用多畜种模型要优于单畜种模型。

不同肉类的生产周期存在较大差异，同一肉类的不同生产阶段所持续的时间也不同。肉类的供给结构关系见图 2-1。肉类的当前生产能力由前期的母畜存栏决策决定；而母畜存栏水平又由新增母畜和淘汰母畜决策决定，这两种决策又受前期或当期的肉类料价比和其他生产成本水平影响。新增幼畜由当期的能繁母畜存栏水平决定；当前存栏水平等于前期存栏加上本期新增幼畜减去本期出栏量。出栏量由前期存栏和当期淘汰母畜水平决定；肉类产量由当期出栏量和出栏胴体重决定，出栏胴体重受当期的肉类料价比影响。长期看，技术进步和生产效率的变化作为外生变量会对中国的新增母畜水平、母畜繁殖率、幼畜存活率、出栏存栏比和出栏胴体重等产生较大影响。

如图 2-2 所示，肉类的供给与需求相等确定肉类的零售价格。肉类的

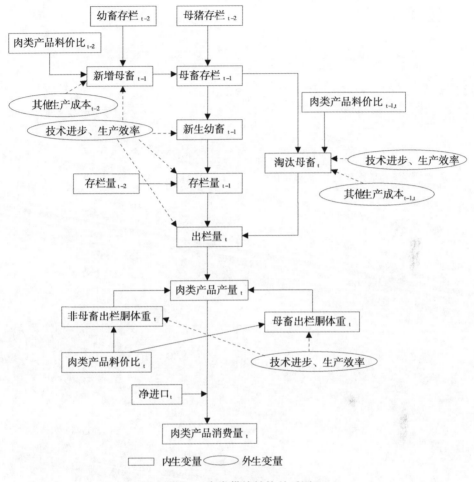

图 2-1　肉类供给结构关系图

需求由替代肉类价格、居民食物支出和非肉食物价格决定；考虑到中国城乡肉类消费的巨大差异，肉类需求被分成城镇居民户内肉类消费、农村居民户内肉类消费和肉类户外消费三部分。肉类的零售农户价差主要受肉类的零售价格、通货膨胀、市场成本和肉类产量影响；肉类的农户价格由肉类的零售价格和零售农户价差决定。肉类的供给由肉类产量和净进口决定，肉类产量受肉类农户价格影响，净进口由国际国内肉类价格、汇率、关税和进出口配额决定。城市化、消费习惯、老龄化和人口增长作为外生变量在未来仍会对中国肉类需求产生较大影响。

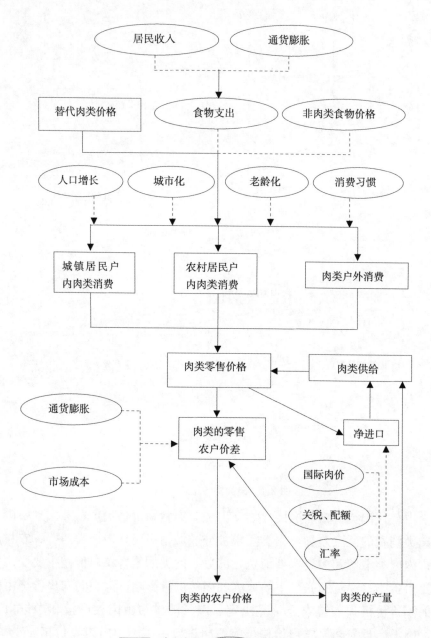

图 2-2 肉类供需平衡关系图

2.2.2　肉类供需的结构性变化应充分反映在模型中

与西方发达国家的社会和经济、肉类生产与消费相对成熟和稳定不同，当前中国的社会和经济正处于转型期，肉类的生产和消费存在一定的结构性变化。这些转型特征和结构性变化作为外生变量应该被充分地反映在模型中。

1. 肉类供给方面

一是肉类生产的技术水平和生产效率不断提高。近年来，中国肉类生产的技术水平和生产效率取得了较大进步，但与国外发达国家相比仍存在较大差距。以生猪饲养为例，美国生猪出栏率维持在 1.7 左右，而中国的生猪出栏率在 1.4~1.5；在料肉比、繁殖幼仔数量等方面中国和美国也存在明显差距（胡向东，2013）。肉类生产的专业化程度会对肉类的生产效率产生较大影响。以美国为例，早期美国的生猪养殖场往往涵盖生猪生产的各个阶段，包括母猪、仔猪、育肥等各类型猪，现在则按生猪生长期的不同阶段进行专业化生产，大大提高了生猪的生产效率。据美国农业部调查，产仔—育肥模式猪场已经由 1992 年的 65% 下降至 2004 年的 18%，专业育肥猪场由 1992 年的 22% 上升至 2004 年的 77%（李冉，2013）。未来，中国肉类生产的技术水平和生产效率会向国外发达国家进一步趋同，在对中国肉类生产进行预测时，技术进步和生产效率的提高需要在模型中予以体现考虑。在建模过程中可以通过在肉类生产模型中增加虚拟变量或时间趋势变量的方式捕捉技术进步对肉类生产的影响。

二是畜禽养殖的规模化程度不断提高。以生猪为例，2012 年美国生猪存栏规模在 5 000 头以上的生猪存栏数占比为 62%，存栏规模在 2 000~4 999 头的生猪存栏数占比为 26%，存栏规模在 2 000 头以下的生猪存栏数占比仅为 12%。而 2010 年中国生猪存栏规模在 5 000 头以上的生猪存栏数占比为 11%，存栏规模在 2 000~4 999 头的生猪存栏数占比为 8%，存栏规模在 2 000 头以下的生猪存栏数占比仅为 81%。规模化养殖是未来中国畜禽养殖的发展趋势，畜禽养殖的规模化程度变化应在建模时充分体现。

2. 肉类需求方面

一是中国城市化进程仍在持续。当前，中国正处于城市化进程中，呈现农村人口的减少和城市人口的增加的趋势；城乡人口结构变化和城乡肉类消费差异势必会对居民的肉类需求产生较大影响。陆文聪（2008）的研究表明，随着居民收入的增加，浙江省城镇居民畜产品的消费变化主要表现为猪肉消费的减少及奶类消费的增加；农村居民对家禽类产品有较高的边际预算份额及较大的需求收入弹性。因此，城市化所引发的肉类消费需求的变化应该被充分体现在预测模型中。

二是消费习惯的变化。从长期来看，随着消费者收入和社会发展，消费者将会更加重视科学饮食和饮食搭配的健康合理，消费者对畜产品需求的种类和数量也将更加科学合理。

三是老龄化。中国人口的年龄结构正在向老龄化社会转变，年龄结构变化也会对肉类需求产生一定影响。一般情况下，对于年轻人而言，谷物、水产和蔬菜水果等消费占总食物消费的比例相对较小，而奶蛋品和户外消费的占比相对较大；而年长者则正好相反。老龄化进程在建模时应予以体现。

四是人口数量。中国人口总量仍呈不断增加趋势，但增速在下滑。人口绝对数量的增加会对肉类需求产生影响。

在实际建模过程中，可以通过在需求方程中增加相关变量或时间趋势变量等方法来反映这些变化。

2.2.3 部分方程存在改进可能

消费者的肉类消费存在"短期惰性"。即在短期，消费者的肉类消费对价格和收入变化的调整并不充分；在长期，消费者的肉类消费将会对价格和收入变化进行充分调整。国内学者在建立消费方程时通常采用简单的线性双对数形式，但简单的线性双对数方程无法刻画肉类消费的这种短期调整和长期调整的区别。Skold（1989）在建立美国的猪肉消费方程时，使用了微分方程和误差纠正方法。对于新增母畜方程和母畜出栏方程，Skold（1989）则使用了 Logistic 函数形式。

2.2.4 参数估计和预测

对肉类局部均衡模型进行参数估计时，单方程估计法和系统估计法各有优劣。单方程估计法的主要优点是模型的样本区间选择更加灵活，系统估计法的优点是充分利用了模型系统所提供的信息，特别是方程之间的相关性信息。单方程估计法的主要不足是如果使用普通最小二乘法对模型中的每个方程进行估计，则内生变量与随机误差项有可能是相关的，参数估计值有可能是有偏且不一致的，而使用系统估计法则可以避免上述问题。系统估计法的主要不足则是要求模型的每个方程的样本期相同，而由于数据来源所限，模型所需的许多变量的样本期间不尽相同。这样在确定模型的样本期时，只能选取各变量的最小样本期作为样本区间，从而影响预测效果。而单方程估计则不存在这个问题，不同的方程可以取不同的样本区间。

　　肉类局部均衡模型的方程经常会出现不满足古典线性回归模型基本假设的情况。例如会出现异方差、自相关和多重共线性等情况。因此在建模时，需要对每个方程是否违背基本假设的情况进行检验。国内学者所使用的肉类局部均衡模型多采用双对数模型形式，但对数化处理后的变量有时仍然是非平稳序列，这样在进行回归时就有可能出现伪回归现象。对应的办法：对于单方程估计而言，参数估计时需要根据每个方程的假设检验结果，选择不同的回归方法进行估计，常用可供选择的回归方法主要有普通最小二乘法（OLS）、非线性最小二乘法（NLS）、递归最小二乘法（RLS）、似不相关回归（SUR）和广义最小二乘法（GLS）等。

　　对所建立的模型进行求解时，如果模型只存在唯一的一组解，除了求解的收敛速度可能存在区别外，不同求解方法所得最终的结果区别不大。由于每种肉类的生产和消费特征不同、数据获得也存在差异，在对多畜种模型求解时，有可能会出现方程组无解或存在多组解的情况。遇到这种情况，一是可以通过对模型的设定形式进行修改，使模型可求得唯一解；二是使用非线性规划的方法进行求解。当模型无解时，可通过将联立方程组转换为非线性规划问题后，使无解变成有解；当模型存在多组解时，可通过对非线性规划问题的约束条件或求解范围进行约束，以获得唯一解。

2.2.5　数据

1. 数据来源不统一

肉类生产数据方面，OECD-FAO 对中国肉类的生产数据进行了调整，调整的结果与国家统计局公布的数据存在一定差异，但幅度不大。在建模时，建议以国家统计局公布的数据为准，不建议使用 OECD-FAO 的生产数据。

肉类消费数据方面，国家统计局所发布的居民肉类消费数据仅涉及居民的户内肉类消费，不含户外消费。但中国居民的户外肉类消费占比非常大（据推测中国肉类户外消费占比可能超过二分之一，目前尚没有可获得的肉类户外消费官方数据）。

肉类进出口数据方面，由于数据口径不一致，OECD-FAO、USDA 和中国农业部市场预警专家委员会所使用的中国肉类进出口数据各不相同。因此在预测时，有必要对进出口数据来源和使用口径进行清晰表述。

肉类价格数据方面，就数据权威性而言，以农业部畜牧司所公布的各种肉类价格数据为优，但其数据时间跨度较短，起始时间是 1994 年。FAO 数据库也公布中国各种肉类的生产者价格及生产者价格指数，但其与国家统计局所公布的生产者价格指数并不一致；考虑其数据时间跨度较长，起始时间为 1966 年，也可酌情使用。

由于国家统计局所公布的畜禽生产数据多为年度数据，在对中国肉类供需进行预测时，通常只能使用年度数据。与工业品生产不同，畜禽的生产具有很强的周期性，畜禽的生产需要一个周期，短则几十天，长则几百天。当肉类的需求发生变化时，肉类的供应在短期内很难调整，肉类供应的短期刚性，常常导致肉类价格在短期波动剧烈。对于生产周期较短的肉类生产（如家禽），年度数据很难全面反映肉类生产的周期性和生产调整过程。FAPRI 在预测美国肉类产品供需时主要采用季度数据，使用季度数据能够更好地反映肉类产品的供需调整过程。

2. 中国肉类的生产数据历史上出现过虚增

2008 年以前，国家统计局所公布的肉类生产数据由地方各级统计部门经过层层上报汇总而得，而地方统计部门为了政绩需要往往会夸大肉类产量，从而导致中国肉类生产数据失真。1996 年和 2006 年中国分别进行了第一次和第二次全国农业普查，普查所获得的中国畜禽存栏量远低于国家统计局此前所公布的数据。据此可推断此前统计部门所公布的 20 世纪 90 年代（甚至 20 世纪 80 年代中国肉类生产数据也有可能出现虚增）至

2006 年的中国肉类生产数据存在较大幅度水分（假定农业普查数据是准确的）。根据第一次农业普查数据结果，1996 年中国猪、牛、羊和家禽的存栏量数据分别被高估了 36.38％、43.37％、39.92％和 76.06％；根据第二次农业普查数据结果，2006 年中国猪、牛、羊和家禽的存栏量数据分别被高估了 18.14％、33.24％、30.06％和 10.92％。

虽然国家统计局根据两次农业普查的结果分别对 1996、2000—2006 年中国肉类生产数据进行了调整，但我们认为调整后的肉类生产数据仍存在虚增。首先，国家统计局根据第一次全国农业普查结果对 1995—1996 年的中国肉类生产数据进行了调整，而事实上 1994 年以前的肉类生产数据也有可能存在虚增，也需要进行调整。其次，国家统计局根据第二次全国农业普查结果对 2000—2006 年的中国肉类生产数据进行了调整，但 1997—1999 年的肉类生产数据也有可能存在虚增，也需要进行调整。第三，国家统计局对肉类生产数据的调整方法值得商榷，国家统计局在对 2000—2006 年的中国肉类生产数据进行调整时，假定肉类产量的虚增幅度每年按一固定比率逐年放大，但肉类产量的虚增方式也许并非如此。最后，国家统计局对肉类生产数据的调整并不充分。例如，根据第一次全国农业普查 1996 年中国猪、牛、羊和家禽的存栏虚增幅度分别为 26.7％、30.3％、28.5％和 43.2％，而国家统计局后来仅对这四种畜禽的肉类产量分别下调了 21.8％、28.1％、24.6％和 22.3％。在假定畜禽存栏虚增幅度与肉类产量虚增幅度相同情况下，国家统计局对肉类生产数据的调整并不充分，调整后的生产数据仍然存在虚增。

国家统计局调整后的中国肉类生产数据仍存在虚增可能是一些国际组织和学者对中国肉类长期供需预测普遍偏低的主要原因。自 2008 年开始，国家统计局采用抽样数据来确定肉类生产数据，一般认为 2008 年后的国家统计局所公布的中国肉类生产数据较为可靠；另外，国家统计局根据第二次农业普查结果对 2006—2007 年中国肉类生产数据进行了调整，可认为这两年的肉类生产数据即便存在虚增幅度也不大。考虑到国家统计局所公布的 2006 年以后的中国肉类产量是基本准确的，但由于 20 世纪 90 年代至 2005 年的中国肉类产量存在虚增，这会导致中国肉类产量关于时间的曲线斜率变小，从而造成对未来肉类产量和需求量预测的低估。因此，在对中国长期肉类供需进行预测时，对国家统计局调整后的 20 世纪 90 年代至 2005 年的中国肉类生产数据进行进一步修正是非常必要的。需要指出的是，由于 2008 年国家统计局开始使用抽样数据作为畜禽生产数据来源，抽样数据产生虚增的可能性很小，这意味着 2006 年以后中国畜禽生产数据较为可靠（由于统计局依据农业普查对 2006 年的禽生产数据进行了调整，2007 年的数据即便出现虚增，幅度也不应该太大）。尽管经国家统计局调整后的早期肉类生产数据仍存在一定程度的虚增，但随着时间推移，虚增数据对中国肉类供需预测的影响将不断减弱。

2.3 预测的不确定性

2.3.1 外生变量的不确定

对未来肉类供需预测影响较大的宏观经济变量主要有未来 GDP 增速、居民收入水平、汇率和 CPI 等。以 GDP 增速为例，2000—2011 年中国 GDP 增速在 8.3%～14.2%，2015—2018 年增速分别为 6.9%、6.7%、6.9% 和 6.6%；近期中国 GDP 增速放缓究竟是短期现象还是长期趋势，未来 10 年中国 GDP 增速能够维持在 6% 以上，还是继续下滑，目前尚不能判断。GDP 增速变化直接影响居民的未来收入水平，居民的未来收入水平是影响未来肉类需求的主要因素之一。此外，城市化进程、中国人口出生率和老龄化、畜牧业生产的技术进步和规模化以及产业化程度等因素的不确定性，也增加了未来肉类供需的不确定。例如，近年来国家放开"二胎"政策对中国人口出生率也产生了较大的影响，未来国家人口生育政策是否会进一步放开，也具有不确定性。

2.3.2 肉类进口政策的不确定

虽然当前中国进口肉类在总消费中的比例不大，但考虑到中国肉类生产的国际比较优势正逐渐减弱、畜牧业环境污染的压力增大和肉类需求的结构变化，中国肉类的进口政策在未来有调整的可能，对国外肉类产品的进口持续增加有可能成为趋势。以日本为例，日本肉类产品的进口依赖程度由 20 世纪 60 年代初的 11％上升到 21 世纪初的 50％左右（罗良国，2007）。因此未来中国肉类进口政策调整对未来中国肉类供需的影响值得关注。

2.3.3　肉类走私问题的影响

近年来由于国内肉价与国际肉价的差距不断加大，中国肉类走私问题日益严重。2013 年，中国牛肉产量 640 万吨，合法进口的牛肉只有 29.7 万吨。而有关数据表明，2013 年巴西、印度和美国分别向中国出口了 43 万吨、47 万吨和 9 万吨牛肉，因为上述三国都是中国明令禁止进口牛肉的国家，这些牛肉进入中国的途径只能通过走私。据肉牛牦牛产业体系估算，2012 年、2013 年中国每年的走私牛肉数量约为 200 万吨（包括走私活牛的牛肉折算）。2014 年全国海关查证走私肉类 12.2 万吨，而 2015 年上半年共查证走私肉类 42 万吨，从海关查处的数据来看，目前中国肉类走私的势头并未被有效遏制。每年中国究竟有多少走私肉类进口，目前尚不得而知，但其绝对值绝不是个小数目。我们推测，近几年中国每年的肉类走私量在 250 万吨以上。当肉类走私量较大时，势必会对肉类的生产、消费和价格产生较大冲击。因此，在对中国肉类长期供需进行预测时，肉类走私问题也需要关注。

对于上述这些不确定因素，可通过情景模拟的方式来研判其对中国长期肉类供需的影响。

2.4　过去 30 年中国肉类总产量与时间近似呈线性关系

国家统计局所公布的中国肉类产量数据一直存在争议，普遍被认为存在虚增（钟甫宁，1997；卢锋，1998；奥伯特，1999；袁学国，2001 等）。考虑到农业普查数据相对准确，对 1996 年、2006 年这两年统计年鉴上的原始肉类产量，按照两次农业普查畜禽的存栏量虚增幅度进行等比例修正，便可得到相对准确的 1996 年和 2006 年中国肉类产量，并可进一步计算出各时间段的中国肉类年均产量增长（表 2-15）。这里假定国家统计局所公布的 1984 年的肉类产量基本准确（蒋乃华，2002；Aubert，2008）。

表 2-15　中国肉类产量年均增长量

单位：万吨

年　份	肉类产量年均增长	猪肉产量年均增长	牛肉产量年均增长	羊肉产量年均增长	禽肉产量年均增长
1984—1996	204.53	126.30	25.66	9.41	38.45
1996—2006	267.27	143.89	21.77	18.96	74.81
2006—2014	236.28	158.96	15.76	8.36	49.06
2014—2017	−54.5	−123	6.3	14.5	48.67

数据来源：《中国统计年鉴》各期。

　　过去 30 多年，特别是 1984—2014 年中国肉类总产量与时间大体呈线性关系，肉类总产量的年均增长量约 240 万吨；2015 年开始，中国肉类总产量增长几乎处于停滞阶段（表 2-15）。1984—2014 年猪肉产量的年均增长量随时间呈微增趋势，猪肉产量的年均增长量与时间总体呈较明显的线性关系，在此期间猪肉产量的年均增长约 160 万吨。牛肉产量的年均增长量随时间呈下降趋势，2014—2017 年牛肉产量的年均增长量降为 6.3 万吨。羊肉产量的年均增长量呈现先增加后下降再上升，2014—2017 年羊肉产量的年均增长量为 14.5 万吨；禽肉产量的年均增长量也经过先增加后下降过程，近期禽肉年均增长约 50 万吨。2014—2017 年，中国肉类的年均增长量为负，主要是因为猪肉产量的年均增长量出现下降，而牛羊禽肉产量之和的年均增长量与前 10 年相比变化不大。

　　自 2015 年，中国肉类总产量出现改革开放以来首次连续两年下降。中国肉类总产量的连续下降可能与近期中国肉类走私猖獗存在一定关系。大量的进口走私肉会挤占国内生产份额，使国内肉类生产出现一定程度放缓。根据相关资料，我们推测 2014 年中国走私肉总量约为 250 万吨，假定挤占国内肉类产量也是 250 万吨。由于国内肉类产量会被走私挤占，从而出现产量下降；因此我们应该清醒地认识到近期我国肉类产量增长的下降，并不完全是由于肉类需求增速下降的原因。

　　另一方面，2015 年开始出现的中国肉类总产量下降，也有可能意味着过去持续 30 多年的肉类总产量线性增长趋势的终结。收入的高速增长是中国过去几十年肉类需求快速增长的关键影响因素。2015 年，中国 GDP 增速在过去的 25 年中首次跌破 7%，伴随着 GDP 增速的下台阶，肉类总产量也同步出现了近年来的首次下降；并且在过去的 5 年中，中国肉类总产量几乎零增长，2018 年的肉类总产量与 2013 年基本持平。伴随着近期中国 GDP 增速的较低位置运行，中国肉类总产量随时间线性增长的趋势很有可能已经被打破，未来肉类低速增长将会是常态。

第三章

CHAPTER 3

中国肉类供需现状分析

改革开放以来，中国肉类的生产、消费和进出口均呈现快速增长。本章从生产、消费和进出口三方面对过去 40 年中国肉类供需的主要特征进行分析，并探讨中国肉类价格的变动情况。

3.1 中国肉类的生产

3.1.1 中国肉类产量

改革开放以来，中国的肉类产量快速增长，2018 年中国肉类产量达到 8 517 万吨，是 1979 年的 8.02 倍，年均增长 5.8％（图 3-1）。2000—2014 年，中国的肉类产量与时间大致呈线性关系；2015 年，中国肉类产量出现拐点，肉类产量开始出现较明显的下降趋势。

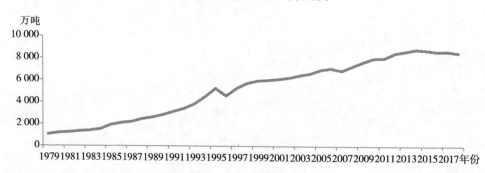

图 3-1　中国肉类产量

数据来源：《中国统计年鉴》各年。

1980 年以来，尽管中国肉类总产量呈现增长趋势，但产量增速呈下降趋势（表 3-1），肉类产量年均增长速度由 1980 年代 9.01％下降到

2010 年以后的 0.8%。中国肉类产量增长大致分为两个阶段：2000 年以前，中国肉类产量增长处于高速增长期，年均增速在 7.7% 以上；2000 年以后，中国肉类产量增长处于平稳增长期，年均增速在 2.8% 以下，特别自 2010 年以后，猪肉和牛肉产量的年均增长率下降到 1% 以下。从不同肉种来看，猪肉产量在 2000 年以前的增速最低，2000 年以后略高于牛肉，但增速水平始终低于肉类总产量增速；羊肉和禽肉产量增速则始终高于肉类产量增速。从肉类产量增速的差距来看，1980—2000 年，不同肉类产量增长的差距较大，其中牛肉和禽肉的产量增速最高，是猪肉产量增速的 1 倍以上，远高于肉类产量增速；羊肉产量增速略高于肉类总产量增速；猪肉产量增速最低。2010—2018年，不同肉类产量增速的差距明显缩小，不同肉类产量增速最大差距仅为 2% 左右；其中羊肉和禽肉的产量增速较高，猪肉和牛肉产量增速较低。

表 3-1　中国肉类产量增速

单位：%

年　份	肉类	猪肉	牛肉	羊肉	禽肉
1980—1990	9.01	7.24	16.67	9.15	14.77
1990—2000	7.73	5.69	15.11	9.48	13.94
2000—2010	2.8	2.49	2.44	4.21	3.35
2010—2018	0.8	0.63	0.29	1.98	2.33

数据来源：《中国统计年鉴》各年数据整理。

　　从中国肉类产量的年均增长量来看，中国肉类产量年均增长量呈现先上升后下降趋势。1980 年代，中国肉类产量的年均增长量相对较低，为 165.2 万吨；1990 年代的肉类产量的年均增长量最高，达到 315.7 万吨；2000 年以后，中国肉类产量年均增长量呈下降趋势，2010 年以后的肉类总产量年均增长已不足百万吨。2000 年以后，所有肉类年均增长量均出现下降；2010 年以后，禽肉已取代猪肉成为年均增长量最大的肉类（表 3-2）。

表 3-2 中国肉类产量的年均增长量

单位：万吨

年　份	肉类	猪肉	牛肉	羊肉	禽肉
1980—1990	165.2	114.7	9.9	6.2	24.1
1990—2000	315.7	168.5	38.8	15.7	86.8
2000—2010	191.2	110.5	14	13.5	46.5
2010—2018	65.4	33.2	1.9	8.6	41.9

数据来源：《中国统计年鉴》数据整理。

1. 猪肉生产

1980—2018 年，中国猪肉产量增长快速，由 1 134.07 万吨增加到 5 404 万吨，增长了 3.77 倍，年均增长 4.19%（图 3-2）。过去的近 40 年，除 1990—2000 年猪肉产量增长量较快外，其他时期中国的猪肉产量与时间大致呈线性关系。值得关注的是，猪肉产量自 2015 年开始已经出现较明显的下降趋势。

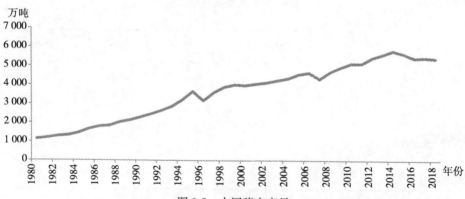

图 3-2　中国猪肉产量

数据来源：《中国统计年鉴》各年。

2. 牛肉生产

1980—2018 年，中国牛肉产量高速增长，由 26.9 万吨增加到 644 万吨（根据第三次农业普查结果，2016 年的牛肉产量被下调了 14%，其他年份的产量也做了相应调整），增长了 22.9 倍，年均增长 8.7%。中国牛肉产量在 1980—2000 年出现了爆发式增长，年均产量增长超过 15%；2007 年以后，牛肉产量增长几乎处于停滞状态，年均增长仅为 0.3%（图 3-3）。

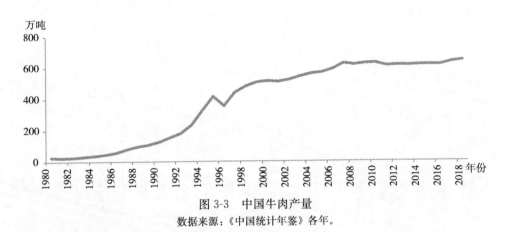

图 3-3　中国牛肉产量

数据来源:《中国统计年鉴》各年。

3. 羊肉生产

1980—2018 年,中国羊肉产量由 44.5 万吨增加到 475 万吨,增长了 9.7 倍,年均增长 6.4%(图 3-4)。1980—2000 年为羊肉产量高速增长期,产量年均增长超过 9%。2000 年以后,羊肉产量增速出现明显放缓,2010 年以后的年均增速为 2%。

图 3-4　中国羊肉产量

数据来源:《中国统计年鉴》各年。

4. 禽肉产量的增长

1980—2018 年,中国禽肉产量由 81.4 万吨增加到 1 994 万吨,增长了 23.5 倍,年均增长 8.8%(图 3-5)。过去的 30 多年,中国的禽肉产量在所有肉类中增长速度是最高的,增速略高于牛肉。1980—2000 年为禽肉产量高速增长期,产量年均增长 14.4%。2000 年以后,禽肉产量增速出现明显放缓，年均增速仅为 2.9%。

图 3-5　中国禽肉产量

数据来源：《中国畜牧业年鉴》各年。

3.1.2　肉类生产与收入关系

　　FAO 主要国家和地区的肉类生产指数见表 3-3，括号内为人均 GDP（US$，PPP）。1990—2014 年，世界人均 GDP（US$，PPP）由 8 832 美元增长到 13 915 美元，增长了 57.6%；肉类生产增长了 59.5%，与收入增速基本相同。从分地区看，非洲和亚洲的肉类生产增速较快，高于世界平均水平。1990—2014 年，非洲人均 GDP（US$，PPP）由 3 315 美元增长到 4 575 美元，增长了 38%；肉类生产增长了 89.6%；亚洲人均 GDP（US$，PPP）由 3 017 美元增长到 9 392 美元，增长了 211.3%；肉类生产增长了 151%。

表 3-3　不同地区和国家的肉类生产指数（2004—2006＝100）

	1990	2000	2014
世界	74 (8832)	91 (10241)	118 (13915)
非洲	67 (3315)	87 (3421)	127 (4575)
亚洲	51 (3017)	87 (4595)	128 (9392)
中国	44 (1623)	87 (3780)	128 (11778)
泰国	82 (6369)	96 (8939)	129 (13932)
韩国	58 (12087)	104 (20757)	126 (32708)
日本	114 (29548)	99 (32193)	106 (35614)

（续）

	1990	2000	2014
印度	77（1777）	90（2548）	117（5244）
巴西	41（9997）	76（11015）	125（14555）
澳大利亚	79（28604）	100（35253）	112（42834）
美国	77（37026）	99（45986）	106（51340）
德国	118（31476）	96（36953）	111（42884）

数据来源：FAO Statistical Pocketbook. 2015。

按 1990 年人均收入由低向高排序，不同时间段各主要国家肉类生产增长情况见表 3-4。总体看，低收入国家的肉类生产增速要高于高收入国家（图 3-6）。

表 3-4　按收入由低向高排序各国肉类生产增长情况

单位：%

国家	1990—2000	2000—2014	1990—2014
中国	97.8	47.1	190.9
印度	16.9	30	51.9
泰国	17.1	34.4	57.3
巴西	85.4	64.5	204.9
韩国	79.3	21.2	117.2
澳大利亚	26.6	12	41.8
日本	−13.2	7.1	−7
德国	−18.6	15.6	−5.9
美国	28.6	7.1	37.7
世界	23	29.7	59.5

数据来源：FAO Statistical Pocketbook. 2015。

在世界肉类生产大国中，中国和巴西的肉类生产增长速度最快，两国的肉类生产增速远高于全球平均水平；美国、德国和澳大利亚的肉类生产增速低于全球平均水平；印度的肉类生产增速和全球平均水平基本持平。从亚太地区来看，过去 25 年中，泰国 2000 年前的肉类生产增速低于全球平均水平，2000 年以后肉类生产增速高于全球平均水平；韩国则是 2000 年前肉类生产增速高于全球平均水平，2000 年以后肉类生产增速低于全

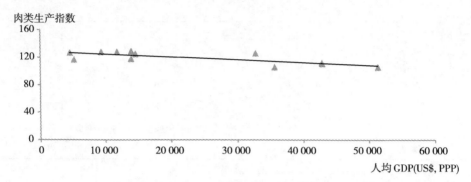

图 3-6　2014 年不同地区和国家的肉类生产指数与人均 GDP 关系

数据来源：FAO Statistical Pocketbook. 2015。

球平均水平；日本的肉类生产呈现 U 形结构，1990 年代日本的肉类生产出现了下降，2000 年以后肉类产量呈现微弱增长；尽管 2000—2014 年日本肉类产量增长了 7.1%，但 2014 年日本的肉类生产仍比 1990 年低 7%。德国肉类的生产趋势与日本类似，肉类生产也呈现 U 形结构，但生产的波动幅度远大于日本，1990—2000 年德国的肉类生产下降了 22%，2000—2014 年则增长了 15%；与 1990 年相比，2014 年德国的肉类产量仍下降了 5.9%。1990 年代至今，尽管美国的肉类产量呈增长趋势，但增速下降明显，2000—2014 年美国肉类生产仅增长了 7%，远低于世界平均水平，与同期间的日本肉类生产增速相同。从发达国家肉类生产的经验来看，不排除我国居民收入达到一定阶段后，肉类产量增长出现停滞的可能。

3.1.3　中国肉类的生产结构

1980 年以来，中国肉类生产结构中，猪肉产量占比不断下降，牛肉、羊肉和禽肉产量占比不断提高。猪肉产量在四种肉类产量中的占比由 1980 年的 88.13% 下降到 2016 年的 63.36%；牛肉和禽肉所占比例快速上升，分别由 1980 年的 2.09%、6.33% 上升到 2016 年的 8.57% 和 22.57%；羊肉所占比例微幅上升，由 1980 年的 3.46% 上升到 2000 年的 5.49%。2000 年以后，各肉种产量所占比例虽然延续前期变化趋势，但变化幅度明显减小（图 3-7）。

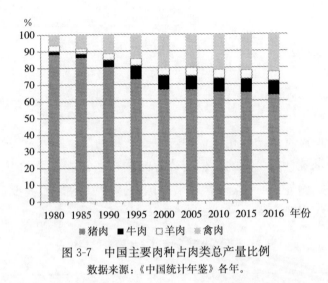

图 3-7　中国主要肉种占肉类总产量比例

数据来源：《中国统计年鉴》各年。

3.1.4　中国主要畜禽生产的技术进步和生产效率

1. 主要畜禽的胴体重

随着技术进步和生产效率的提高，中国主要畜禽的单位胴体重不断提高，2015 年中国猪、牛、羊和禽的单位胴体重分别达到 77.5 千克、139.9 千克、15.0 千克和 1.52 千克。1985—2015 年，中国主要肉类的胴体重均有一定幅度提高，其中牛胴体重增加幅度最大，增长了 36.8%；猪胴体重增加幅度最小，增长了 11.8%；羊胴体重增长了 28.2%。需要指出的是，2000 年以后，中国主要畜禽的胴体重增长幅度变缓（表 3-5）。

表 3-5　中国主要畜禽的胴体重

单位：千克

年份	猪胴体重	牛胴体重	羊胴体重	禽胴体重
1985	69.3	102.3	11.7	—
1990	73.6	115.4	12	1.33
1995	75.9	136.2	12.2	1.48
2000	76.5	134.4	13.4	1.49
2005	75.8	134.6	14.1	1.48
2010	76	138.5	14.7	1.5

（续）

年份	猪胴体重	牛胴体重	羊胴体重	禽胴体重
2015	77.5	139.9	15.0	1.52
2016	77.4	140.3	15.0	1.53

数据来源：《中国畜牧业年鉴》各年。

与国外畜禽发达国家相比，中国主要畜禽的单位胴体重仍然存在较大差距（按国家统计局公布的数据所计算的主要畜禽胴体重与 FAO 公布的胴体重有一定差异）。这意味着未来中国畜禽养殖的技术进步和生产效率提高仍有较大提升空间（表 3-6）。

表 3-6　2016 年部分国家主要畜禽的胴体重

单位：千克

国家	猪胴体重	牛胴体重	羊胴体重	禽胴体重
巴西	88.3	246.9	16	2.29
加拿大	97.6	373.9	22.8	1.76
法国	90.5	309.7	18.4	1.36
日本	80.7	433.7	28.3	2.79
英国	83.6	328.1	19.9	1.52
美国	95.7	367.8	30.2	2.1
中国	76.9	142.4	16.3	1.38

数据来源：FAOSTAT。

2. 中国主要畜禽的存栏出栏

1980 年以来，中国主要畜禽的存栏增长明显。2016 年，中国猪、牛和羊存栏量分别达到 4.35 亿、1.07 亿和 3.01 亿头（只），分别比 1980 年增长 42.6%、48.8%和 60.8%（表 3-7）。

表 3-7　中国主要畜禽存栏量

单位：万（头、只）

年份	猪	牛	羊	禽
1980	30 543	7 167	18 731	—
1985	33 139	8 682	15 588	—

（续）

年份	猪	牛	羊	禽
1990	36 240	10 288	21 002	—
1995	44 169	13 206	27 685	—
2000	41 633	12 353	27 948	464 113
2005	43 319	10 990	29 792	533 000
2010	46 460	10 626	28 087	535 251
2015	45 113	10 817	31 100	—
2016	43 504	10 668	30 112	—

数据来源:《中国畜牧业年鉴》各年。

　　1980 年以来，中国生猪存栏的年均增速呈现不断下降趋势，2010—2016 年生猪存栏的年均增速出现负值，即生猪存栏开始出现下降趋势。牛和羊存栏量的年均增速呈现先降后升走势；相对于 2000—2010 年，这两种畜类 2010—2016 年存栏量的年均增速出现了上升，特别是牛的存栏量年均增速由负转正。

表 3-8　中国主要畜禽存栏量年均增长率

单位:%

年份	猪	牛	羊	禽
1980—1990	1.72	3.68	1.15	—
1990—2000	1.4	1.85	2.9	—
2000—2010	1.1	−1.49	0.05	1.44
2010—2016	−1.09	0.07	1.17	—

数据来源:《中国畜牧业年鉴》各年数据整理。

　　1980 年以来，中国主要畜禽出栏量增长快速。2016 年，中国猪、牛和羊出栏量分别达到 6.85 亿、0.51 亿和 3.07 亿头（只），分别比 1980 年增长 2.45 倍、14.39 倍和 6.24 倍；2016 年，家禽出栏 123.73 亿只，比 1995 年增长 96.33％（表 3-9）。

表 3-9 中国主要畜禽出栏量

单位：万头（只）

年份	猪	牛	羊	禽
1980	19 861	332	4 241	—
1985	23 875	456	5 081	—
1990	30 991	1 088	8 931	—
1995	37 850	3 049	16 537	630 212
2000	51 862	3 807	19 653	825 704
2005	60 367	4 149	24 092	943 091
2010	66 686	4 717	27 220	1 100 578
2015	70 825	5 003	29 473	1 198 720
2016	68 502	5 110	30 695	1 237 300

数据来源：《中国畜牧业年鉴》各年。

1980 年以来，中国主要畜禽的出栏量年均增速经历先增后减过程。其中 1990—2000 年的猪、牛和羊出栏量年均增速最高，此期间牛的出栏量年均增速高达 13.34%；2000 年以后畜禽出栏量的增速逐步降低，2010—2016 年主要畜禽的出栏量年均增速在 0.45%~2.02%（表 3-10）。

表 3-10 中国畜禽出栏量年均增长率

单位：%

年份	猪	牛	羊	禽
1980—1990	4.55	12.6	7.73	—
1990—2000	5.28	13.34	8.21	—
2000—2010	2.55	2.17	3.31	2.92
2010—2016	0.45	1.34	2.02	1.18

数据来源：《中国畜牧业年鉴》各年数据整理。

随着畜牧业的技术进步和生产效率的提高，中国畜禽生产的出栏存栏比不断提高（畜禽的出栏存栏比等于畜禽的年出栏量与本年末存栏量的比值）。出栏存栏比的提高意味着在存栏规模不变的情况下有着更高的畜禽产出。2015 年，中国的猪、牛和羊的出栏存栏比分别达到 1.57、0.46 和

0.95；与 1985 年相比，猪的出栏存栏比提高了 118％，牛的出栏存栏比提高了 820％，羊的出栏存栏比提高了 188％。2000—2010 年，中国家禽的出栏存栏比提高了 15.7％（表 3-11）。

表 3-11　中国主要畜禽出栏存栏比

年份	猪	牛	羊	禽
1985	0.72	0.05	0.33	—
1990	0.86	0.11	0.43	—
1995	1.08	0.22	0.52	—
2000	1.25	0.31	0.73	1.78
2005	1.39	0.38	0.81	1.77
2010	1.44	0.44	0.97	2.06
2015	1.57	0.46	0.95	—

数据来源：《中国畜牧业年鉴》各年数据整理。

对比部分国家主要畜禽的出栏存栏比，中国生猪的存栏出栏比与加拿大、日本和美国较为接近，与英国和法国相比还有一定差距；牛和羊的出栏存栏比在下表所有国家中是最高的；家禽的出栏存栏比远低于表中的其他国家。这意味着中国的主要畜禽，特别是禽和生猪的生产效率仍存在较大提升空间（表 3-12）。

表 3-12　2016 年部分国家主要畜禽的出栏存栏比

国家	猪	牛	羊	禽
巴西	1.00	0.17	0.31	4.50
加拿大	1.64	0.25	0.81	3.95
法国	1.90	0.24	0.81	5.00
日本	1.70	0.28	0.44	2.71
英国	2.25	0.33	0.43	6.69
美国	1.65	0.34	0.44	4.52
中国	1.57	0.58	0.89	1.86

数据来源：FAOSTAT 数据整理。

3. 能繁母畜的繁殖水平

随着畜牧业的技术进步和生产效率的提高，中国畜禽的母畜繁殖水平不断提高。以生猪为例，2001—2016 年，中国单只母猪繁育水平由 12.3 头增加到 15 头，增长了 21.95%（表 3-13）。

表 3-13 中国母猪繁殖水平

年份	能繁母猪存栏（1） （万头）	生猪存栏变动＋出栏（2） （万头）	母猪繁殖水平（2）/（1） （头）
2001	4 364	53 598	12.28
2005	4 893	61 563	12.58
2010	4 855	66 150	13.63
2015	4 693	69 355	14.78
2016	4 456	66 893	15.01

数据来源：《中国农村统计年鉴》各期。

与美国相比，中国母猪的繁殖水平还存在较大的提升空间。2016 年中国母猪的繁殖水平仅为美国的 75.31%，这意味着，在当前产量水平下，如果中国母猪的繁殖能力能够达到美国水平，能繁母猪存栏可以在现有基础上减少四分之一（表 3-14）。

表 3-14 美国母猪繁殖水平

年份	能繁母猪存栏（1） （万头）	生猪存栏变动＋出栏（2） （万头）	母猪繁殖水平（2）/（1） （头）
2015	600	11612	19.35
2016	609	12141	19.93

数据来源：FAOSTAT 和 USDA。

3.1.5 中国主要畜禽养殖的规模化

目前，中国畜禽规模化养殖的界定尚无统一的标准，相关的规模化养殖标准见表 3-15。中华人民共和国国家标准《畜禽养殖业污染物排放标准》（GB18596—2001）将集约化养殖场划分为两级：Ⅰ级养殖场的生猪、蛋鸡、肉鸡和肉牛存栏规模分别为 3 000 头以上、10 万只以上、20 万只以上和 400 头以上；Ⅱ级养殖场的生猪、蛋鸡、肉鸡和肉牛存栏规模分别为 500～3 000 头、1.5 万～10 万只、3 万～20 万只和 200～400 头。羊和猪的换算比例为 3 只羊换算成 1 头猪。

表 3-15　中国畜禽养殖规模化的存栏标准

品　　种	生猪（头）	肉鸡（只）	蛋鸡（只）	肉牛（头）	肉羊（只）
畜禽养殖业污染物排放标准Ⅰ级场（2001年）	3 000以上	20万以上	10万以上	400以上	9 000以上
畜禽养殖业污染物排放标准Ⅱ级场（2001年）	500～3 000	3万～20万	1.5万～10万	200～400	1 500～9 000
畜禽养殖业污染治理工程技术规范（2009年）	300以上	4 000以上	4 000以上	100以上	—
全国畜禽养殖污染防治"十二五"规划（2012年）	500以上（出栏）	5万以上（出栏）	1万以上	100以上（出栏）	—
全国生猪生产发展规划（2016—2020年）（2016年）	500以上（出栏）	—	—	—	—
全国草食畜牧业发展规划（2016—2020年）（2016年）	—	—	—	50以上（出栏）	100以上（出栏）
第三次农业普查（2017年）	200以上（出栏）	1万以上（出栏）	2 000以上	20以上（出栏）	100以上（出栏）
农业部畜禽品种统一备案的规模标准（2017年）	300以上或500以上（出栏）	5 000以上或1万以上（出栏）	2 000以上	100以上或50以上（出栏）	100以上（存栏、出栏）

注：部分规模化标准采用的是出栏量。

国家环境保护部2009年发布的《畜禽养殖业污染治理工程技术规范》（HJ497—2009）将集约化的畜禽养殖场定义为：存栏数为300头以上的养猪场、50头以上的奶牛场、100头以上的肉牛场、4 000羽以上的养鸡场、2 000羽以上的养鸭场或养鹅场。

2012年11月，环境保护部和农业部联合印发的《全国畜禽养殖污染防治"十二五"规划》指出，2010年全国生猪、蛋鸡和奶牛规模养殖比例分别达到 65%、79% 和 47%。规模化畜禽养殖场（小区）养殖规模为生猪出栏量＞500 头，奶牛存栏量＞100 头、肉牛出栏量＞100 头、蛋鸡存栏量＞10 000 只、肉鸡出栏量＞50 000 只；畜禽养殖专业户养殖规模为 50 头＜生猪出栏量＜500 头、5 头＜奶牛存栏量＜100 头、10 头＜肉牛出栏量＜100 头、500 只＜蛋鸡存栏量＜10 000 只、2 000 只＜肉鸡出栏量＜50 000 只。

国务院 2013 年发布的《畜禽规模养殖污染防治条例》规定，畜禽养殖场、养殖小区的具体规模标准由省级人民政府确定，并报国务院环境保护主管部门和国务院农牧主管部门备案。

2016 年 4 月，农业部印发的《全国生猪生产发展规划（2016—2020 年）》指出，2014 年中国生猪出栏 500 头以上规模养殖比重为 42%，比 2010 年提高 4 个百分点；预计 2020 年出栏 500 头以的规模养殖比重将达到 52%。

2016 年 7 月，农业部印发的《全国草食畜牧业发展规划（2016—2020 年）》指出，2015 年中国肉牛出栏 50 头以上、肉羊出栏 100 只以上的规模养殖比重分别为 27.5% 和 36.5%，比 2010 年提高 4.3 和 13.6 个百分点；预计 2020 年的规模养殖比重将分别达到 45%。

2016 年 10 月，国务院印发的《全国农业现代化规划（2016—2020 年）》将"十三五"农业现代化分解为若干主要指标，规模经营目标为主要指标之一，在该指标中，中国 2015 年的畜禽养殖规模化率为 54%，并预计 2020 年中国畜禽养殖规模化率将达到 65%。但该规划并没有明确畜禽养殖规模化率的计算方法。对比发现，《全国畜禽养殖污染防治"十二五"规划》中的 2010 年全国生猪、蛋鸡和奶牛规模养殖比例远高于《全国农业现代化规划（2016—2020 年）》中的 2015 年的畜禽养殖规模化率，表明后者所使用的畜禽养殖规模化标准要明显高于前者。

2017 年开展的第三次农业普查将畜牧业规模经营户定义为：生猪年出栏 200 头及以上；肉牛年出栏 20 头及以上；奶牛年存栏 20 头及以上；羊年出栏 100 只及以上；肉鸡、肉鸭年出栏 10 000 只及以上；蛋鸡、蛋鸭年存栏 2 000 只及以上；鹅年出栏 1 000 只及以上。

2017 年 10 月，根据农业部办公厅关于加强畜禽养殖场备案和粪污资源化利用机构信息管理的通知，各主要畜禽品种统一备案的规模标准起点如下：依据设计规模，生猪年存栏 300 头或年出栏 500 头以上、奶牛年存栏 100 头以上、肉牛年存栏 100 头或年出栏 50 头以上、羊年存栏 100 只或年出栏 100 只以上、蛋鸡年存栏 2 000 只以上、肉鸡年存栏 5 000 只或年出栏 1 万只以上（表 3-15）。

　　《全国农产品成本收益资料汇编》的畜禽规模分类标准（按存栏）见表 3-16。

表 3-16　畜禽规模分类标准

品种	单位	散养	小规模	中规模	大规模
生猪	头	Q≤30	30<Q≤100	100<Q≤1000	Q>1000
肉鸡	只	Q≤300	300<Q≤1000	1000<Q≤10000	Q>10000
蛋鸡	只	Q≤300	300<Q≤1000	1000<Q≤10000	Q>10000
奶牛	头	Q≤10	10<Q≤50	50<Q≤500	Q>500
肉牛	头	Q≤50		Q>50	
肉羊	只	Q≤100		Q>100	

注：肉牛和肉羊只分为散养和规模养殖两种。

　　中国畜禽养殖存在以下特点：一是散养和小规模饲养模式仍非常普遍，散养和小规模饲养户的绝对数庞大。2012 年，中国散养和小规模蛋鸡、肉鸡、生猪、肉牛和羊的养殖场户数占比分别为 96.3％、98％、94.9％、95.7％和 89.7％。反观美国，除了禽类的散养和小规模饲养户占比与中国相当外，主要畜类的散养和小规模养殖场户数占比均明显低于中国水平（表 3-17 至表 3-20）。2012 年美国存栏 400 只以下蛋鸡养殖场户数占比达到 97.62％，略高于中国年存栏 500 只以下蛋鸡养殖场户数占比的 96.3％；肉鸡、生猪、肉牛和绵羊散养和小规模饲养户占比在 26.62％~71.35％。2012 年，中国蛋鸡、肉鸡、生猪和肉牛的养殖场户数分别为 1 684 万户、2 486 万户、5 470 万户、1 265 万户和 1 958 万户，是美国的 84.9 倍、589.1 倍、865.5 倍和 13.85 倍。

表 3-17　中国畜禽养殖场（户）数

单位：万户

年份	蛋鸡	肉鸡	生猪	肉牛	羊
2010	2 131	2 534	6 173	1 354	2 166
2012	1 684	2 486	5 470	1 265	1 958

数据来源：《中国畜牧业年鉴》各年。

表 3-18　美国畜禽养殖场（户）数（按存栏）

单位：万户

年份	蛋鸡	肉鸡	生猪	肉牛	山羊
2007	14.56	3.27	7.54	96.37	14.45
2012	19.83	4.22	6.32	91.32	12.85

数据来源：美国 2012 年农业普查。

表 3-19　中国散养和小规模畜禽养殖场（户）占比

单位：%

年份	年存栏 500 只以下蛋鸡	年出栏 2000 只以下肉鸡	年出栏 49 头以下生猪	年出栏 9 头以下肉牛	年出栏 29 头以下羊
2010	96.8	98	95.7	96	91.4
2012	96.3	98	94.9	95.7	89.7

数据来源：《中国畜牧业年鉴》各年。

表 3-20　美国散养和小规模畜禽养殖场（户）占比

单位：%

年份	年存栏 400 只以下蛋鸡	年出栏 2000 只以下肉鸡	年出栏 49 头以下生猪	年出栏 9 头以下肉牛	年出栏 24 头以下绵羊
2007	96.72	35.96	65.4	24.19	66.02
2012	97.62	50.14	71.35	26.62	67.02

数据来源：美国 2012 年农业普查。

二是畜禽养殖场总数快速下降。2010—2012 年中国蛋鸡养殖场数由 2 131万户下降为 1 684 万户；肉鸡养殖场数由 2 534 万户下降为 2 486 万户；生猪养殖场数由 6 173 万户下降为 5 470 万户；肉牛养殖场数由 1 354 万户下降为 1 265 万户；羊养殖场数由 2 166 万户下降为 1 958 万户。反观美国，尽管 2012 年生猪、肉牛和山羊的养殖场户数比 2007 年出现减少；但 2012 年蛋鸡和肉鸡的养殖场户数比 2007 年出现了增长。

三是规模化畜禽生产已占主导地位。目前，中国规模化养殖户的肉类产量占比已超过肉类总产量的三分之二，部分品种的肉类产量占比已超过70%。

1. 生猪养殖的规模化

2005—2015年中国散养和小规模生猪养殖场户数大幅下降，中大规模生猪场户数快速增长。其中，年出栏在49只以下的散养和小规模场户数由2010年的5 908.7万户减少到2015年的4 405.6万户，减少了25.44%；年出栏在50只及以上的规模饲养场户由2005年的183.53万户增加到2015年的250.3万户，增长了36.38%。其中，年出栏500~2 999头的场户数增速最快，由2002年的2.7万户增加到2015年的23.9万户，增长了7.9倍。与中国不同，2007—2012年美国各种饲养规模的生猪场户数均出现不同程度下降（表3-21）。

表3-21　不同出栏规模的中国生猪养殖场（户）数量

单位：万户

年份	49头以下	50~99头	100~499头	500~2 999头	3 000头以上
2005	—	138.3	39.1	5.5	0.63
2010	5 908.7	168.5	74.3	19.9	2.1
2012	5 189.9	172.6	81.8	23.2	2.4
2015	4 405.6	148	75.9	23.9	2.5

数据来源：《中国畜牧业年鉴》各年。

中美两国生猪养殖场户数与养殖规模之间的关系存在一定区别。中国生猪的场户数与饲养规模呈反方向变化关系，养殖规模越小，养殖场户数量越多，养殖规模越大，养殖场户数量越少；而美国生猪养殖场户数量呈现两头大中间小的特点，即小规模和大规模的养殖场户数量相对较多，而中等规模养殖场户数量相对较少（表3-22）。

表3-22　不同出栏规模的美国生猪养殖场（户）数量

单位：户

出栏规模	2007年	2012年
1~24	39 101	31 399

（续）

出栏规模	2007 年	2012 年
25～49	4 819	3 502
50～99	3 660	2 569
100～199	3 052	1 814
200～499	4 253	1 959
500～999	3 357	1 594
1 000～1 999	3 484	1 992
2 000～4 999	5 072	3 751
5 000 以上	7 991	7 302

数据来源：美国 2012 年农业普查。

2. 肉牛养殖的规模化

2005—2015 年，中国散养和小规模肉牛场户数不断减少，中大规模场户数显著增加。其中，年出栏在 9 头以下的小规模场户数明显减少，年出栏在 10～49 头的场户数微增，年出栏在 50 头以上的规模场户数显著增加。年出栏在 9 只以下的场户数由 2010 年的 1 300.7 万户减少到 2015 年的 1 049 万户，减少了 19.35%；年出栏在 10 只及以上的场户数由 2005 年的 47.92 万户增加到 2015 年的 54.83 万户，增长了 14.42%。其中，年出栏在 1 000 头以上的规模场户数增速最快，由 2005 年的 0.02 万户增加到 2015 年的 0.1 万户，增长了 4 倍（表 3-23）。

表 3-23　不同出栏规模的中国肉牛养殖场（户）数量

单位：万户

年份	9 头以下	10～49 头	50～99 头	100～499 头	500～999 头	1 000 头以上
2005	—	41.1	5.6	1.1	0.1	0.02
2010	1 300.7	43.7	7.6	2.1	0.32	0.09
2012	1 210.3	43.6	8.4	2.6	0.34	0.1
2015	1 049	42.5	9.3	2.6	0.33	0.1

数据来源：《中国畜牧业年鉴》各年。

2007—2012 年，美国各种规模的肉牛场户数均出现不同程度下降。中美两国肉牛场户数与饲养规模均呈反方向变化关系，即养殖规模越小，场户数越多，养殖规模越大，场户数越少（表3-24）。

表 3-24　不同出栏规模的美国肉牛养殖场（户）数量

单位：万户

出栏规模	2007 年	2012 年
1～9	28.51	28.22
10～19	15.18	14.32
20～49	17.77	15.47
50～99	8.67	7.28
100～199	4.79	4.14
200～499	3.11	2.97
500～999	1.03	1.0
1 000～2 499	0.53	0.47
2 500～4 999	0.13	0.12
5 000 以上	0.11	0.11

数据来源：美国2012年农业普查。

3. 羊养殖的规模化

2005—2015 年，中国散养和小规模羊场户数不断减少，中大规模场户数显著增加。其中，年出栏在 29 只以下的小规模场户数明显减少，年出栏在 30～99 只的场户数保持稳定，年出栏在 100 只以上的规模养殖场户数显著增加。年出栏在 29 只以下的场户数由 2010 年的 1 979.5 万户减少到 2015 年的 1 453.5 万户，减少了 26.57%；出栏在 30 只及以上的场户数由 2005 年的 187.43 万户增加到 2015 年的 212 万户，增长了 13.11%。其中，年出栏在 1 000 只以上的场户数增速最快，由 2005 年的 0.23 万户增加到 2015 年的 1 万户，增长了 3.3 倍（表3-25）。

表 3-25　不同出栏规模的中国羊养殖场（户）数量

单位：万户

年份	29 只以下	30—99 只	100—499 只	500—999 只	1000 只以上
2005	—	163.7	22.1	1.4	0.23
2010	1 979.5	160.2	24.6	1.7	0.37
2012	1 755.8	170.7	28.4	2.4	0.6
2015	1 453.5	162.5	44.9	3.6	1

数据来源：《中国畜牧业年鉴》各年。

2007—2012 年，美国绵羊的场户数出现了增加，由 2017 年的 8.31 万户增加至 8.83 万户，增长了 6.26%。2007—2012 年，美国绵羊的场户数出现增加的主要原因是散养和小规模的场户数出现了增加。其中，存栏量在 299 头以下的三个规模的场户数出现了增加，而存栏量在 300 头以上的场户数出现了微降（表 3-26）。

表 3-26 不同出栏规模的美国绵羊养殖场（户）数量

单位：万户

出栏规模	2007 年	2012 年
1~24	5.49	5.92
25~99	2.11	2.22
100~299	0.48	0.49
300~999	0.16	0.14
1 000~2 499	0.05	0.03
2 500~4 999	0.02	0.01
5 000 以上	0.01	0.01

数据来源：美国 2012 年农业普查。

4. 禽养殖的规模化

2000—2012 年，中国年存栏在 2 000 只以下的散养和小规模蛋鸡场户数不断减少；年存栏在 2 000 只以上的场户数显著增加。蛋鸡年存栏在 2 000 只以上的场户数由 2000 年的 11.27 万户增加到 2012 年的 26.78 万户；其中，年存栏在 50 000 只以上的场户数增速最快，由 2000 年的 0.02 万户增加到 2012 年的 0.28 万户，增长了 13 倍（表 3-27）。

表 3-27 不同存栏规模的中国蛋鸡养殖场（户）数量

单位：万户

年份	年存栏 500 只以下	500~1 999 只	2 000~9 999 只	10 000~49 999 只	50 000 只以上
2000	—	53.6	10.7	0.55	0.02
2005	—	57.2	19.2	1	0.06
2010	2 064.1	39.9	23.9	3.2	0.22
2012	1 622.3	35.2	22.9	3.6	0.28

数据来源：《中国畜牧业年鉴》各年。

2007—2012 年，美国不同饲养规模的蛋鸡场户数变化趋势与中国相反。存栏规模在 3 200 只以下的场户数出现增长，由 14.22 万户增加到 19.52 万户，增长了 37.27%；而规模在 3 200 只以上的场户数量出现下降，由 0.34 万户减少至 0.32 万户，下降了 5.88%（表 3-28）。

表 3-28 不同存栏规模的美国蛋鸡养殖场（户）数量

单位：万户

出栏规模（只）	2007 年	2012 年
1～49	12.52	17.42
50～99	1.06	1.31
100～399	0.5	0.63
400～3 199	0.08	0.11
3 200～9 999	0.06	0.05
10 000～19 999	0.14	0.12
20 000～49 999	0.13	0.13
50 000～99 999	0.03	0.03
100 000 以上	0.04	0.04

数据来源：美国 2012 年农业普查。

2000—2012 年以来，中国年出栏在 10 000 只以上的肉鸡规模化养殖场户数不断增加，出栏在 10 000 只以下的场户数量基本稳定。年出栏在 10 000 只以上的场户数由 2000 年的 4.9 万户增加到 2012 年的 18.08 万户；其中年出栏在 10 万只以上的场户数增速最快，由 2000 年的 0.1 万户增加到 2012 年的 0.76 万户，增长了 6.6 倍（表 3-29）。

表 3-29 不同出栏规模的中国肉鸡养殖场（户）数量

单位：万户

年份	2 000 只以下	2 000～9 999 只	10 000～49 999 只	50 000～99 999 只	100 000 只以上
2000	—	30.7	4.5	0.3	0.1
2005	—	36.2	9.6	0.6	0.17
2010	2 483.4	33.1	15.7	1.7	0.55
2012	2 438.8	29.9	15.3	2	0.76

数据来源：《中国畜牧业年鉴》各年。

2007—2012 年，美国不同饲养规模的肉鸡场户数变化趋势与中国相反，年出栏 16 000 只以下的肉鸡养殖户数量出现明显增加，而年出栏 16 000只以上的肉鸡养殖户数量则出现一定程度减少（表 3-30）。

表 3-30　不同存栏规模的美国肉鸡养殖场（户）数量

单位：户

出栏规模（只）	2007 年	2012 年
1~1 999	9 743	16 514
2 000~15 999	334	457
16 000~29 999	87	82
30 000~59 999	197	175
60 000~99 999	623	373
100 000~199 999	2270	1810
200 000~299 999	2493	2577
300 000~499 999	4840	4615
500 000 以上	6 504	6332

数据来源：美国 2012 年农业普查。

5. 规模化养殖的产量占比

2008—2012 年，中国各主要畜禽规模化养殖户的肉类产量占比快速提高。其中，鸡、猪和牛的规模化养殖的肉产量占比较高，牛的规模化养殖的肉产量占比最低；2012 年，中国猪、蛋鸡、肉鸡和羊的规模化养殖的肉产量占比分别达到 70％、68％、72.3％和 55.3％，牛的规模化养殖的肉产量占比为 45.5％。2008—2012 年，中国猪、牛、羊、蛋鸡和肉鸡的规模化养殖的肉产量占比分别提高了 14.4％、7.5％、11％、11.6％和 13％（表 3-31）。

表 3-31　中国畜禽的规模化养殖产量占比

单位：%

年份	猪	牛	羊	蛋鸡	肉鸡
2008	55.6	38	44.3	56.9	59.3

（续）

年份	猪	牛	羊	蛋鸡	肉鸡
2010	64.5	41.6	48.8	62.9	67.9
2012	70	45.5	55.3	68.5	72.3

注：表中的规模化养殖指的是猪年出栏 50 头及以上，牛年出栏 10 头及以上，羊年出栏 30 只及以上，蛋鸡存栏 2 000 只及以上，肉鸡年出栏 10 000 只及以上的养殖场（户）。

数据来源：《中国畜牧业年鉴》各年。

2012 年，美国畜禽养殖的规模化程度远高于中国。美国主要畜禽的规模化养殖占比在 84.79%～99.95%，而中国的规模化占比在 45.5%～72.3%（表 3-32）。

表 3-32　美国畜禽的规模化养殖产量占比

单位：%

年份	猪	牛	绵羊	蛋鸡	肉鸡
2007	99.8	98.32	—	98.79	99.96
2012	99.84	98.2	84.79	98.41	99.95

注：表中的规模化养殖指的是猪年出栏 50 头及以上，牛年出栏 10 头及以上，绵羊年存栏 25 只及以上，蛋鸡存栏 3 200 只及以上，肉鸡年出栏 16 000 只及以上的养殖场（户）。

数据来源：美国 2012 年农业普查。

如果依据国家《畜禽养殖业污染物排放标准》（GB18596－2001）集约化养殖场Ⅱ级养殖场的标准，将生猪、肉鸡、羊和肉牛规模化养殖的存栏规模下限分别定义为 500 头、3 万只、1 500 只和 200 头。按此标准的 2012 年美国畜禽的规模化养殖产量占比见下表。其中，美国生猪和蛋鸡的规模化养殖程度非常高，接近 98%；牛的规模化养殖程度达到三分之二，为 67.71%；绵羊的规模化养殖程度不足一半，为 43.73%（表 3-33）。

表 3-33　美国畜禽的规模化养殖产量占比

单位：%

年份	猪	牛	绵羊	蛋鸡
2007	96.4	65.91	—	97.45
2012	97.89	67.71	43.73	97.39

注：表中绵羊和蛋鸡的规模化养殖标准分别为存栏 1 000 头及以上和 1 万只及以上。

数据来源：美国 2012 年农业普查。

3.2 中国肉类的消费

3.2.1 中国肉类消费情况

1. 人均肉类消费增长情况

改革开放以来，中国居民的肉类户内需求快速度增加，人均肉类消费由1978年的8.86千克增加到2012年的28.66千克，增长了2.24倍。猪肉、牛羊肉和禽肉分别由1978年的7.67千克、0.75千克和0.44千克增加到2012年的17.99千克、2.89千克和7.78千克，分别增长了1.35倍、2.85倍和16.68倍；禽肉消费增长最快，猪肉消费增长最慢（表3-34）。由于国家统计局所公布的居民肉类消费数据指的是居民的肉类户内消费数量，居民的肉类户内消费数量要远小于肉类实际消费量。由于中国肉类进出口在消费中的比例很小，中国肉类的消费量和生产量基本持平，肉类消费量的增长与产量的增长近似相等。

表3-34 中国人均肉类户内消费

单位：千克

年份	肉类	猪肉	牛羊肉	禽肉
1978	8.86	7.67	0.75	0.44
1980	11.79	10.16	0.83	0.8
1985	14.36	11.81	1.02	1.53
1990	16.23	12.6	1.45	2.18
1995	16.69	12.53	1.21	2.96
2000	20.91	14.54	1.91	4.46
2005	25.97	17.56	2.45	5.97
2006	25.71	17.5	2.57	5.65
2007	24.77	15.61	2.62	6.54
2008	25.34	15.73	2.31	7.31
2009	26.89	17.14	2.51	7.23
2010	27.35	17.56	2.59	7.2

（续）

年份	肉类	猪肉	牛羊肉	禽肉
2011	28.2	17.6	2.95	7.64
2012	28.66	17.99	2.89	7.78
2013	25.6	19.8	2.4	—
2014	25.6	20	2.5	—
2015	26.2	20.1	2.8	—
2016	26.1	19.6	3.3	—

注：自2013年国家统计局公布的人均肉类户内消费使用新的调查口径。

数据来源：《中国统计年鉴》各年。

2. 消费结构变化

1978年以来，中国居民肉类户内消费结构呈现的主要特点是，猪肉消费比例大幅下降，由1978年的86.57％下降到2012年的62.76％；禽肉消费比例上升幅度最大，由1978年的4.97％增加到2012年的27.15％；牛羊肉消费比例微升（表3-35）。

表3-35 中国人均肉类户内消费结构

单位：%

年份	猪肉	牛羊肉	禽肉
1978	86.57	8.47	4.97
1980	86.17	7.04	6.79
1985	82.25	7.09	10.66
1990	77.63	8.96	13.41
1995	75.07	7.25	17.73
2000	69.55	9.12	21.33
2005	67.62	9.43	22.99
2010	64.21	9.46	26.33
2012	62.76	10.09	27.15

数据来源：《中国统计年鉴》各年数据整理。

3. 城乡肉类消费差异

由于二元经济结构，中国城乡居民肉类人均户内消费量存在较大差异。2012年，农村居民人均户内猪肉、牛羊肉和禽肉消费分别为城镇居民的 67.8%、52.5% 和 41.8%。中国城乡居民人均户内肉类消费的主要趋势：一是农村居民人均户内肉类消费的增速高于城镇居民，1985—2012年，城镇和农村居民人均户内肉类消费增速分别为 1.48% 和 2.06%；二是城镇和农村居民人均户内肉类消费的绝对差异仍在增大，由 1985 年的12 千克增加到 14.86 千克（表 3-36）。

表 3-36   中国城乡人均户内肉类消费

单位：千克

年份	城镇 肉类	农村 肉类	城镇			农村		
			猪肉	牛羊肉	禽肉	猪肉	牛羊肉	禽肉
1985	24	12	17.2	3	3.8	10.3	0.7	1
1990	25.18	12.6	18.46	3.3	3.42	10.54	0.8	1.26
1995	25.48	13.12	17.24	2.44	5.8	10.58	0.71	1.83
2000	27.46	17.22	16.73	3.33	7.4	13.28	1.13	2.81
2005	32.83	20.76	20.15	3.71	8.97	15.62	1.47	3.67
2010	34.72	20	20.73	3.78	10.21	14.4	1.43	4.17
2012	35.71	20.85	21.23	3.73	10.75	14.4	1.96	4.49

数据来源：《中国统计年鉴》各年。

中国城乡居民肉类消费结构的基本变化趋势：一是猪肉消费比例大幅下降，禽肉消费比例大幅上升。1985—2012 年城镇居民猪肉消费比例由71.8% 下降到 59.5%，农村居民猪肉消费比例由 85.8% 下降到 69.1%；城镇居民禽肉消费比例由 15.8% 增长到 30.1%，农村居民禽肉消费比例由 8.3% 增长到 21.5%。二是城镇居民牛羊肉消费比例略减，农村居民牛羊肉消费比例略增。1985—2012 年城镇居民牛羊肉消费比例由 12.5% 下降到 10.4%，农村居民牛羊肉消费比例由 5.8% 增长到 9.4%。三是当前城乡居民肉类消费结构存在的差异主要体现在猪肉和禽肉消费比例上。2012 年城镇居民猪肉消费比例比农村居民低 9.6%，而禽肉消费比例比农村居民高 8.6%；城乡居民的牛羊肉消费比例基本相当，城镇居民的消费比例比农村居民高 1%（图 3-8、图 3-9）。

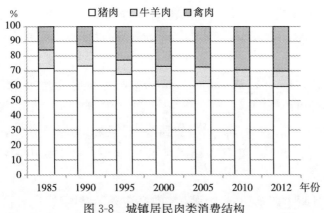

图 3-8　城镇居民肉类消费结构

数据来源：《中国统计年鉴》各年。

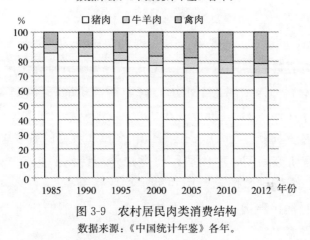

图 3-9　农村居民肉类消费结构

数据来源：《中国统计年鉴》各年。

4. 肉类消费的收入和地域差异

2012 年，中国居民高收入组人均肉类消费量达到 33.63 千克，比低收入组多 50%。各类畜产品消费地区分布呈现如下特征：猪肉消费，地域分布广泛，最主要的消费群体集中在南部和东部地区，这些省份同时也都是生猪主产区。牛羊肉消费，受饮食习惯决定，主要集中在居民平均收入水平并不高的北部和西北部地区。禽肉消费最广泛，全民皆宜，但由于地理位置和饮食习惯不同，消费偏好也存在差异，北方地区以白羽肉鸡消费为主，南方地区以黄羽肉鸡消费为主；人均禽肉消费水平最高的地区在南方。

5. 肉类的户外消费

改革开放以来，随着居民收入水平的提高和城市化进程，中国居民户外饮食消费快速增长。2008 年城镇居民人均在外餐饮支出达到 877.85 元，比 1995 年的 160.66 元增长了 5.5 倍，同时在外用餐支出占食物总支出的比重也由 9％增长到 20.6％。1978 年，农村居民人均在外饮食支出仅为 3 元，到 2007 年已达 190 元，增长 61.3 倍，年均增长 18.8％，占食品支出的比重也由 1978 年的 2.0％提高到 2007 年的 13.5％。中国餐饮业营业额由 1999 年的 442.6 亿元增加到 2017 年的 5 312.8 亿元，增长了 11 倍，年均增长 14.8％。餐饮业消费的快速增长，也带来中国肉类户外消费比重不断增加。

国家统计局并没有进行中国居民肉类户外消费的统计。确定中国居民肉类户外消费水平有两种方法，一是抽样调查法，二是使用肉类产量数和进出口数据推导。

李志强（2000）对 1998 年全国六省大中城市的调查研究表明，城镇居民户外肉类消费比重为 38.9％，其中牛羊肉外出消费比例为 65％、禽肉 40.4％；农村居民猪肉、牛羊肉、禽肉和禽蛋的在外饮食比例分别为 9.9％、16.7％和 14.8％。陈琼（2010）对 2008 年全国七大区域的 11 个样本地区的省会城市、地级市、县级市、乡镇和农村的城乡居民第二季度肉类消费调查研究表明，中国居民肉类户外消费比例达到 43％，其中城镇居民猪肉、牛肉、羊肉和禽肉户外消费比重分别为 48％、56％、56％和 46％；农村居民猪肉、牛肉、羊肉和禽肉户外消费比重分别为 33％、51％、64％和 27％。

计算中国居民肉类户外消费量也可使用肉类产量加上肉类净进口减去肉类户内消费量的方式获得。下表显示，自 1990 年代中期开始，中国居民肉类户外消费比例已达 50％以上。由于国家统计局所公布的肉类生产的历史数据有可能存在虚增，表 3-37 中 2000 年以前的肉类户外消费数量存在高估的可能。

表 3-37　中国人均肉类消费

单位：万吨,%

年份	肉类产量	肉类净进口	肉类消费量	户内消费	户外消费	户外消费比例
1980	1 205.4	−9.2	1 196.2	1 163.7	32.5	2.7

（续）

年份	肉类产量	肉类净进口	肉类消费量	户内消费	户外消费	户外消费比例
1985	1 926.5	−14.1	1 912.4	1 520.0	392.4	20.5
1990	2 857.0	−30.6	2 826.4	1 855.6	970.8	34.3
1995	5 260.0	−12.7	5 247.3	2 021.5	3 225.8	61.5
2000	6 013.9	97.7	6 111.6	2 650.2	3 461.4	56.6
2005	6 938.9	33.3	6 972.2	3 395.7	3 576.5	51.3
2010	7 993.6	128.5	8 122.1	3 667.4	4 454.7	54.9
2015	8 749.5	120.0	8 869.6	3 601.5	5 268.0	59.4
2017	8 654.4	211.4	8 865.8	3 711.5	5 154.3	58.1

注：自 2013 年国家统计局公布的人均肉类户内消费使用新的调查口径。

数据来源：《中国统计年鉴》各期，FAO 数据库。

3.2.2　影响肉类消费的主要因素

1. 人口数量和年龄结构

人口绝对数量的增长会带来肉类需求的增加。2018 年，中国总人口 13.95 亿人，比 1980 年增长了 41.4%；同期国内肉类产量增长了 606.6%（中国肉类产量和消费量基本相等）。可知人口绝对数量的增长并不是国内肉类需求快速增长的主要因素。1980—2018 年中国人口增长了 4.08 亿，如按照 1980 年中国人均肉类占有量计算，这部分新增人口所导致的肉类需求增加为 498.7 万吨，仅占 2018 年肉类总产量的 5.9%。最近 10 年中国人口增速明显放缓，年均增长仅为 0.5% 左右，每年人口增长 600 多万人。可推断，未来人口绝对数量的增加对肉类需求的影响会非常有限。另外中国正在步入老龄化社会，老年人相对于年轻人会消费较少的肉类，人口老龄化将会对中国肉类消费产生一定的负面影响。白军飞（2014）估计 2030 年中国的老龄化会导致肉类需求下降 5.6%。辛良杰（2018）研究表明，2010 年中国 65 岁以上人口的比例为 8.8%，2016 年为 10.8%，2030 年将达到 18.2%，比 2010 年增长 68.5%；由于老龄化，2030 年的肉类消费量较 2010 年减少 4.9%，禽类的消费量减少 11.2%。综合看，人口因素对未来 10 年中国肉类需求变化的影响很小。

2. 城市化

由于城乡差异，城镇居民的人均肉类消费水平远高于农村居民。当前中国的城市化进程对肉类需求的影响主要体现在城乡人口结构的变化。1980 年中国城镇人口比例为 19.4%，2018 年的比例为 59.6%。最近 10 年中国城镇居民人口数量年均增长约 2 000 万，农村居民人口数量年均减少约 1 500 万。1980—2018 年，中国城镇人口增加了 6.4 亿，农村人口减少 2.3 亿，城市化进程也是中国居民户内肉类需求增长的一个重要原因（2016 年农村居民人均肉类消费为城镇居民的 78.3%）。由于中国城市化进程仍在推进，未来较长一段时间，城市化仍会对居民的肉类消费产生一定的影响。

3. 收入增长

收入增长是过去 30 多年来中国肉类消费增长的最重要拉动因素。经济增长首先通过增加居民可支配收入，进而增加消费支出和食品消费支出，最后拉动肉类消费支出。1980—2018 年，中国城镇居民家庭人均可支配收入增长了 81.2 倍，农村居民家庭人均纯收入增长了 75.4 倍；平均人均可支配收入增长了 117.7 倍，剔除物价上涨因素，增长了 19.9 倍。1980—2018 年，中国人均肉类消费由 12.2 千克增加到 61 千克，增长了 4 倍。

2010 年以前，中国 GDP 增长率增速高于居民可支配收入，2010 年以后居民可支配收入和消费支出增速高于 GDP 增长率（见表 3-38）。随着国家收入分配政策进一步向消费倾斜，我们认为即便未来 10 年中国 GDP 增长率出现进一步放缓，居民的可支配收入仍会维持稍高于 GDP 增长率。

总体看，中国居民的消费支出增速与可支配收入增速基本持平（表 3-38）；2000 年之前中国消费支出增速低于可支配收入增速；2000 年以后消费支出增速与可支配收入增速基本持平。

2000 年以后，中国食品消费支出增速比 20 世纪年代出现了上涨，基本维持在接近 5% 的增速。未来随着中国居民收入水平的走低，食品消费支出增速有可能会出现下降。

表 3-38　中国 GDP、收入和支出增长情况（实际收入、实际支出）

单位：%

年份	GDP 增长率	可支配收入	消费支出	食品消费支出
1978—1990	9.05	7.7	—	—
1991—2000	10.4	7.4	6.4	3.6

（续）

年份	GDP 增长率	可支配收入	消费支出	食品消费支出
2001—2010	10.5	9.6	9.7	4.9
2011—2017	7.6	8.1	8.0	4.7

注：表中数据均为使用不变价格计算。

数据来源：《中国统计年鉴》各年。

自 1978 年，中国城镇和农村居民的恩格尔系数均不断减少，当前城镇和农村居民的恩格尔系数均在 32% 以下，并有趋同迹象（表 3-39）。居民人均食品消费支出与居民人均可支配收入占比也呈不断下降趋势，目前城镇居民人均食品消费支出在城镇居民人均可支配收入的占比接近五分之一，农村居民的这项指标占比不到 30%。这表明，在未来中国居民的收入增长对食品支出增长的引致作用会越来越弱。

表 3-39 中国食品支出占比情况

单位：%

年份	城镇居民恩格尔系数	农村居民恩格尔系数	城镇居民人均食品消费支出/城镇居民人均可支配收入	农村居民人均食品消费支出/农村居民人均纯收入
1978	57.5	67.7	—	—
1985	53.3	57.8	—	46.1
1990	54.2	58.8	45.9	50.1
1995	50.1	58.6	41.4	48.7
2000	39.4	49.1	31.4	36.4
2005	36.7	45.5	27.8	35.7
2010	35.7	41.1	25.1	30.4
2015	29.7	33	20.4	26.7
2017	28.6	31.2	19.2	25.4

数据来源：《中国统计年鉴》各年。

4. 生活方式和消费理念变化

从发达国家经验来看，随着居民收入的提高，户外食品支出比例呈现不断增加的趋势。以美国为例，Okrent（2012）发现，1984 年美国居民家庭户外食品支出为 1 320 美元，占食品总支出的比例为 29%，2009 年的户外食品支出为 2 619 美元，占食品总支出的比例增加到 41%。改革开放以来，随着人们的收入、工作和生活方式的变化，中国肉类消费的户外消费比重不断提高，未来仍有进一步提高的趋势。另外，随着居民收入水平和科技教育水平提高，人们的消费理念也在发生变化，居民正在追求更加科学合理的健康饮食，这也会对未来居民的肉类消费产生影响。

5. 畜禽生产效率和饲料粮

最近 30 余年，畜禽的生产效率大幅提高，大大增加了畜禽的产量，使得居民的肉类消费需求更好地得到满足。中国持续增加的饲料粮进口，有效满足了国内肉类生产对饲料粮的需求。进口大豆加工后的豆粕是畜禽的主要饲料之一，2017 年中国大豆总需求量高达 1 亿多吨，国内产量只有 1 440 万吨。据海关总署数据显示，2017 年中国累计进口粮食 13 062 万吨，其中进口大豆 9 553 万吨，占粮食进口总量的 89%。

3.2.3 肉类需求的弹性分析

1. 国际肉类需求弹性

Andreyeva（2010）对涉及美国食物需求价格弹性的 160 篇文献进行综述，计算出这些文献的食物需求价格弹性估计的平均值，结果表明美国肉类需求对价格缺乏弹性。见表 3-40。

表 3-40　美国肉类消费需求价格弹性估计的平均值

	需求价格弹性均值	95% 置信区间	估计数
牛肉	−0.75	（−0.83，−0.67）	51
猪肉	−0.72	（−0.78，−0.66）	49
禽肉	−0.68	（−0.92，−0.44）	23

Ronald（2014）认为发达国家农产品的需求收入弹性要明显低于发展中国家，但随着收入的增长，发展中国家农产品的需求收入弹性会逐渐向发达国家收敛。另外，发展中国家肉类消费的需求价格弹性也明显低于发达国家，见表 3-41、表 3-42。

表 3-41　世界主要国家和地区肉类消费的需求收入弹性

	美国	巴西	前苏联	印度	中国
牛羊肉	0.15	0.27	0.3	0	0.42

（续）

	美国	巴西	前苏联	印度	中国
非反刍动物肉类	0.15	0.27	0.3	0.29	0.41
加工牛肉	0.16	0.32	0.41	0.51	0.30
其他肉类加工品	0.15	0.31	0.4	0	0.26

表 3-42 世界主要国家和地区肉类消费的需求价格弹性

	美国	巴西	前苏联	印度	中国
牛羊肉	−0.14	−0.24	−0.24	0	−0.38
非反刍动物肉类	−0.14	−0.25	−0.24	−0.21	−0.37
加工牛肉	−0.14	−0.29	−0.33	−0.37	−0.27
其他肉类加工品	−0.14	−0.28	−0.32	0	−0.24

USDA 对 144 个国家肉类消费的非条件需求价格弹性和收入弹性的计算结果也表明，一个国家的收入水平越高，肉类消费的需求价格弹性和收入弹性就越小；收入水平越低，肉类消费的需求价格弹性和收入弹性就越大。见表 3-43、表 3-44。

表 3-43 部分国家肉类消费的非条件需求价格弹性

	美国	德国	日本	韩国	俄罗斯	巴西	泰国	中国	印度
肉类	−0.252	−0.347	−0.358	−0.436	−0.488	−0.512	−0.525	−0.564	−0.568

数据来源：USDA。

表 3-44 部分国家肉类消费的需求收入弹性

	美国	德国	日本	韩国	俄罗斯	巴西	泰国	中国	印度
肉类	0.343	0.473	0.488	0.577	0.665	0.697	0.716	0.768	0.775

数据来源：USDA。

2. 国内肉类需求弹性

近 20 余年，国内学者对中国肉类的需求收入弹性和需求价格弹性进行了大量研究，主要的研究方法为 AIDS 模型、ELES 模型和对数模型。综合看，不同研究方法和不同样本所计算出来的弹性值相差较大，即便是使用同种方法计算出来的结果也存在较大区别。见表 3-45、

表 3-46。

表 3-45　中国肉类消费的需求收入（支出）弹性

文　献	模　型	猪肉	牛肉	羊肉	禽肉	肉类
黄季焜(1999)	AIDS 模型					0.62
刘秀梅(2005)	AIDS 模型	1.2(城镇,支出) 1.12(农村,支出)	0.13(城镇,支出) 0.27(农村,支出)	0.13(城镇,支出) 0.27(农村,支出)	1.98(城镇,支出) 1.16(农村,支出)	
李瑾(2007)	ELES 模型	0.11(城镇) 0.57(农村)	0.4(城镇) 0.41(农村)	0.4(城镇) 0.41(农村)	0.34(城镇) 0.56(农村)	
陆文聪(2008)	ELES 模型	1.12(城镇) 0.17(农村)	1.73(城镇)	1.63(城镇)	1.10(城镇) 0.41(农村)	
刘华(2009)	AIDS 模型	0.26	0.33	0.33	0.32	
陈琼(2012)	对数模型				2.43	
李宁(2013)	AIDS 模型	0.59	0.845	0.95	0.712	
张玉梅(2013)	AIDS 模型	0.38	0.57	0.64	0.41	
王茵(2013)	对数模型				0.206(城镇) 0.294(农村)	
丁丽娜(2014)	局部均衡 模型			0.219		
陈成(2014)	对数模型	0.67(城镇) −1.69(农村)				
孙赫(2014)	ELES 模型					0.39
同海梅(2015)	AIDS 模型					0.696
全正楠(2015)	ELES 模型					0.28 (城镇)
沈辰(2015)	AIDS 模型					0.80 (支出)
李辉尚(2015)	AIDS 模型					1.03 (支出)
石自忠(2015)	市场模型		0.46(城镇) 1.30(农村)			
胡向东(2015)	市场模型	0.19(城镇) 0.34(农村)				
徐依婷(2017)	ELES 模型					0.448
朱文博(2018)		0.39	0.60	0.44	0.49	0.60

表 3-46 中国肉类消费的需求价格弹性

文 献	模 型	猪肉	牛肉	羊肉	禽肉	肉类
黄季焜(1999)	AIDS 模型					−0.279
蒋乃华(2002)	对数模型	−0.87	−0.69	−0.69	−0.52	
刘秀梅(2005)	AIDS 模型	−1.27(城镇) −0.91(农村)	−1.37(城镇) 0.13(农村)	−1.37(城镇) 0.13(农村)	−1.03(城镇) −0.40(农村)	
刘华(2009)	AIDS 模型	−0.36	−1.11	−1.11	−0.75	
陈琼(2012)	对数模型				−1.93	
张玉梅(2013)	AIDS 模型	−0.72	−0.31	−0.5	−1.28	
王茵(2013)	对数模型				−0.216(城镇)	
李宁(2013)	AIDS 模型	−0.284	−1.047	−0.835	−0.622	
孙赫(2014)	ELES 模型					−0.37
陈成(2014)	对数模型	−0.67(城镇) −0.62(农村)				
丁丽娜(2014)	局部均衡 模型		−0.377			
同海梅(2015)	AIDS 模型					−0.797
沈辰(2015)	AIDS 模型					−0.56
李辉尚(2015)	AIDS 模型					−0.62
石自忠(2015)	市场模型		−0.35(城镇) −0.62(农村)			
胡向东(2015)	市场模型	−0.08(城镇) −0.26(农村)				
朱文博(2018)		−0.71	−0.88	−0.67	−0.83	−0.81

3.3 中国肉类的进出口

整体看，中国肉类进出口对国内肉类消费的影响非常小。据 USDA 的统计，2014 年中国猪肉、牛肉和鸡肉分别进口 76.1 万吨、41.7 万吨和 28.2 万吨，出口 27.7 万吨、3 万吨和 43 万吨；净进口 72.3 万吨，仅为肉类产量的 0.83%。从单肉种来看，猪肉、牛肉和鸡肉进口量分别是国内产量的 1.34%、6.05% 和 1.61%，牛肉进口比例相对较高。2008 年以前，除少数年份外，中国的猪肉、牛肉和鸡肉的进口量一般低于出口量；2008 年以后，猪肉、牛肉和鸡肉的进口量高于出口量成为常态，并且净进口有不断增大的趋势。中国肉类净进口增加和近期牛肉进口量激增有很大关系，2011 年中国牛肉进口量只有 2.9 万吨，而 2013 年、2014 年牛肉进口量则分别激增到 41.2 万吨和 41.7 万吨（图 3-10）。

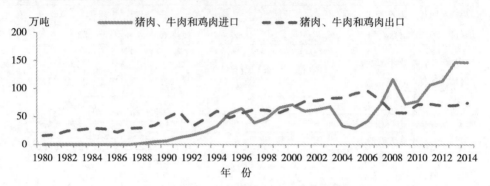

图 3-10　USDA 的中国猪肉、牛肉和鸡肉进出口

数据来源：USDA 数据库。

由于统计口径差异，FAO 的中国肉类进出口数据与 USDA 存在较大差异。据 FAO 的统计，2012 年中国肉类进口 343.5 万吨，其中猪肉、牛肉、羊肉、禽肉和其他肉类分别为 107.9 万吨、48 万吨、15.9 万吨、170 万吨和 1.9 万吨；出口 172.1 万吨，其中猪肉、牛肉、羊肉、禽肉和其他肉类分别为 34.3 万吨、11.5 万吨、0.6 万吨、125 万吨和 2.2 万吨；净进口 171.4 万吨，为 2012 年中国肉类产量的 2%。1997 年以前中国肉类进口量小于出口量，但肉类进出口均呈增长趋势且增长幅度相近；1997 年以后中国肉类进口量大于出口量，虽然肉类进口仍呈增长趋势，但出口基本保持稳定，并且净进口呈现增大趋势（图 3-11）。

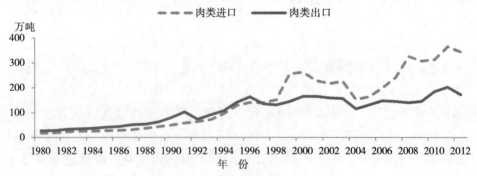

图 3-11　FAO 的中国肉类进出口量

数据来源：FAO 数据库。

最近 20 年，中国的禽肉和猪肉进口比例最大，二者的进口数量之和占中国肉类进口比例超过 80％，且进口数量均超过 100 万吨。2000 年以后，中国猪肉和牛肉进口所占比例显著增加，禽肉进口所占比例不断减少（图 3-12）。

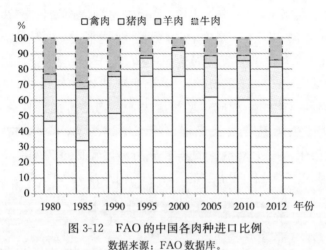

图 3-12　FAO 的中国各肉种进口比例

数据来源：FAO 数据库。

中国肉类出口中，禽肉和猪肉出口比例最大。最近 20 年二者出口占中国肉类出口量的 90％以上，2012 年禽肉的出口占比达到 72.7％，出口量超过 100 万吨。2005 年以后，中国禽肉的出口比例出现增长，猪肉出口比例则出现下降（图 3-13）。

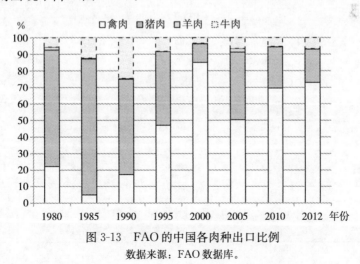

图 3-13　FAO 的中国各肉种出口比例

数据来源：FAO 数据库。

3.4　中国肉类的价格变动

3.4.1　生产者价格

　　过去的十余年中，中国的肉类生产成本呈现快速增长态势，猪肉、牛肉、羊肉和禽肉的生产者价格指数分别增长了 107.1%、118.6%、181.1%和115.2%。国家统计局公布的 2002—2017 年中国肉类生产者价格指数见表 3-47。2002—2017 年，羊肉生产成本增长最快，年均增速为6.7%；牛肉和禽肉的生产成本增长居中，年均增速接近且分别为 5%和4.9%；猪肉的生产成本增长最慢，年均增速为 4.7%。样本期，猪肉、牛肉和禽肉的生产者价格指数的算术平均值比较接近为106.1、105.3 和105.1，羊肉的生产者价格指数的算术平均值最高为107.3。

表 3-47　中国肉类生产者价格指数（上年为 100）

年份	猪肉	牛肉	羊肉	禽肉
2002	98.0	91.4	140.0	106.1
2003	102.9	101.7	96.3	101.0
2004	112.8	103.9	103.7	111.8
2005	97.6	101.7	101.7	105.6
2006	90.6	100.6	101.8	97.2
2007	145.9	117.5	121.0	117.0
2008	130.8	123.6	118.8	111.9
2009	81.6	101.0	101.1	102.2
2010	98.3	104.7	108.7	107.0
2011	137.0	108.1	115.7	112.0
2012	95.9	116.8	107.8	103.8
2013	99.3	113.1	109.1	103.2
2014	92.2	104.4	100.8	104.4
2015	108.9	99.1	89.4	101.3
2016	119.4	98.7	93.6	99.6
2017	86.0	98.8	107.1	96.7

（续）

年份	猪肉	牛肉	羊肉	禽肉
均值	106.1	105.3	107.3	105.1
最大值	145.9	123.6	140.0	111.9
最小值	81.6	91.4	89.4	96.7
极差	64.3	32.2	50.6	15.2

数据来源：中国统计局网站。

中国肉类的生产成本变动幅度非常大。以猪肉为例，2007 年猪肉生产者成本比前一年上涨 45.9%，而 2009 年猪肉生产者成本比前一年下降 18.4%。样本期，各种肉类生产者成本的波动幅度从大到小依次为：猪肉、羊肉、牛肉和禽肉，对应的生产者价格指数极差分别为：64.3、50.6、32.2 和 15.2。

中国肉类生产成本短期变动方向来看，不同肉类也存在一定区别。猪肉的生产成本变动呈周期性，短期内生产成本的上涨和下跌交错出现；羊肉、牛肉和禽肉的生产成本多数年份呈现上涨态势，这三种肉类在 16 年的样本期内仅分别有 4 年、3 年和 3 年的生产成本出现下降，其余年份的生产成本均为上涨。

样本期，肉类生产成本增速在不同时间段也存在差异。猪肉的生产成本增速小幅降低，2002—2010 年，猪肉的生产成本年均增速为 6.5%，2011—2017 年的年均增速降为 5.5%；牛肉的生产成本增速小幅升高，2002—2010 年，牛肉的生产成本年均增速为 5.1%，2011—2017 年的年均增速增至 5.6%。羊肉和禽肉的生产成本增速在样本期出现大幅下降，羊肉和禽肉的生产成本增速分别由 2002—2010 年的 10.3% 和 6.6% 下降至 2011—2017 年的 3.4% 和 3%（表 3-48）。

表 3-48　中国肉类生产者价格变动

单位：%

年份	猪肉	牛肉	羊肉	禽肉
2002—2010（年均）	6.5	5.1	10.3	6.6
2011—2017（年均）	5.5	5.6	3.4	3

数据来源：作者计算。

3.4.2 消费者价格

中国居民消费价格指数（CPI）、食品类居民消费价格指数、粮食类居民消费价格指数和肉禽及其制品类居民消费价格指数见表 3-49。1993—2017 年，中国食品消费价格增长快速，涨幅远高于 CPI，二者的涨幅分别为 2.5 倍和 1.3 倍。食品类消费中，肉禽及其制品价格涨幅（3.1 倍）高于粮食价格涨幅（2.8 倍）（截至 2015 年）；粮食价格涨幅略高于食品价格涨幅。肉禽及其制品价格涨幅是同期 CPI 涨幅的 1.8 倍（截至 2015 年）。1993—2017 年，CPI、食品价格指数、粮食价格指数和肉禽及其制品价格指数（截至 2015 年）年均增长分别为 3.6%、5.3%、5.8% 和 6.6%。

表 3-49　中国居民消费价格指数和食品类、粮食类和居民肉禽及其制品类消费价格指数

年份	CPI	食品类居民消费价格指数	粮食类居民消费价格指数	肉禽及其制品类居民消费价格指数
1993	100.0	100.0	100.0	100.0
1994	124.1	131.8	150.7	141.6
1995	145.3	162.0	206.2	179.0
1996	157.4	174.3	219.6	187.0
1997	161.8	174.1	200.0	197.3
1998	160.5	168.5	193.8	179.4
1999	158.3	161.5	187.8	162.7
2000	158.9	157.3	166.4	160.2
2001	160.0	157.3	165.2	162.8
2002	158.7	156.3	162.4	162.0
2003	160.6	161.6	166.2	167.3
2004	166.9	177.6	210.0	196.8
2005	169.9	182.8	213.0	201.7
2006	172.5	187.0	218.7	195.9
2007	180.7	210.0	232.5	258.0
2008	191.4	240.0	248.8	313.9
2009	190.0	241.7	262.7	286.6

（续）

年份	CPI	食品类居民消费价格指数	粮食类居民消费价格指数	肉禽及其制品类居民消费价格指数
2010	196.3	259.1	293.7	294.9
2011	206.9	289.7	329.5	361.6
2012	212.3	303.6	342.7	369.2
2013	217.8	317.9	358.5	385.0
2014	222.2	327.7	369.6	386.6
2015	225.3	335.2	377	405.9
2016	229.8	350.7	378.9	—
2017	233.5	345.7	384.6	—

注：2016 年后的肉禽及其制品价格指数统计口径发生变化。

数据来源：中国统计局网站。

1997—2017 年，中国城市和农村食品、粮食和居民肉禽及其制品（截至 2015 年）价格涨幅基本相当，涨幅差距仅为 1% 左右。这表明 1997—2014 年，中国食品、粮食和居民肉禽及其制品价格上涨并没有体现出城乡差异（表 3-50）。

表 3-50 中国城市和农村食品类、粮食类和居民肉禽及其制品类消费价格指数

年份	CPI	食品类城市居民消费价格指数	粮食类城市居民消费价格指数	肉禽及其制品类城市居民消费价格指数	食品类农村居民消费价格指数	粮食类农村居民消费价格指数	肉禽及其制品类农村居民消费价格指数
1997	100.0	100.0	100.0	100.0	100.0	100.0	100.0
1998	99.2	96.9	96.9	91.6	96.6	96.9	90.0
1999	97.8	92.6	93.7	82.8	92.7	94.1	82.1
2000	98.2	90.2	83.2	81.0	90.4	83.2	81.6
2001	98.9	90.3	82.5	82.4	90.2	82.9	82.7
2002	98.1	89.9	81.1	81.8	89.6	81.6	82.7
2003	99.3	92.9	83.0	84.1	92.7	83.4	86.2
2004	103.2	101.4	104.3	99.1	103.3	106.5	100.9
2005	105.0	104.5	105.9	101.2	105.9	107.9	104.1
2006	106.6	107.1	108.8	98.3	108.1	111.0	101.0

（续）

年份	CPI	食品类城市居民消费价格指数	粮食类城市居民消费价格指数	肉禽及其制品类城市居民消费价格指数	食品类农村居民消费价格指数	粮食类农村居民消费价格指数	肉禽及其制品类农村居民消费价格指数
2007	111.7	119.7	115.7	129.3	122.8	117.9	133.1
2008	118.3	137.0	124.1	158.6	140.0	125.8	159.7
2009	117.4	138.4	131.1	145.1	140.2	132.7	145.0
2010	121.3	148.2	146.2	148.8	150.7	149.0	150.1
2011	127.9	165.4	164.0	181.9	169.3	167.2	185.6
2012	131.2	173.8	170.8	187.0	176.1	173.2	186.0
2013	134.6	181.8	178.5	195.2	184.7	181.5	193.4
2014	137.3	187.8	184.2	196.4	189.6	187.2	192.8
2015	139.2	191.7	188.3	205.6	194.2	190.4	203.2
2016	142.0	200.4	189.4	—	203.5	191.1	—
2017	144.3	198.0	192.0	—	199.4	194.2	—

数据来源：中国统计局网站。

1997—2017 年，CPI、城市居民食品价格指数、城市居民粮食价格指数和城市居民肉禽及其制品价格指数分别增长了 44.3％、98％、92％和 105.6％；农村居民食品价格指数、农村居民粮食价格指数和农村居民肉禽及其制品价格指数分别增长 99.4％、94.2％和 103.2％。

从分时间段来看，1997—2007 年，城市和农村食品价格年均增长分别为 1.8％和 2.1％，略高于 CPI 年均 1.1％的涨幅。城市和农村粮食价格年均增长分别为 1.5％和 1.7％，低于同期的食品价格涨幅。肉禽及其制品价格年均增长分别为 2.6％和 2.9％，要高于 CPI、城市和农村食品、粮食价格涨幅。

2007—2017 年，城市和农村食品价格年均增长分别为 5.2％和 5％，远高于年均 2.6％的 CPI 涨幅；城市和农村粮食价格年均增长分别为 5.2％和 5.1％，与同期的食品价格涨幅基本相同；城市和农村肉禽及其制品价格年均增长分别为 6％和 5.4％，高于 CPI、城市和农村食品、粮食价格涨幅（表 3-51）。

总体看，中国食品价格、粮食价格和肉类消费价格的年均涨幅接近；

而食品类商品价格的年均涨幅要明显高于 CPI。在食品类商品中，肉类价格的年均涨幅要高于食品，食品价格的年均涨幅要高于粮食。

表 3-51　中国城市和农村食品类、粮食类和居民肉禽及其制品类消费
价格指数年均增长

单位：%

年份	CPI	食品类城市居民消费价格指数	粮食类城市居民消费价格指数	肉禽及其制品类城市居民消费价格指数	食品类农村居民消费价格指数	粮食类农村居民消费价格指数	肉禽及其制品类农村居民消费价格指数
1997—2017	1.9	3.5	3.3	4.1	3.5	3.4	4
1997—2007	1.1	1.8	1.5	2.6	2.1	1.7	2.9
2007—2017	2.6	5.2	5.2	6	5	5.1	5.4

数据来源：作者根据中国统计局网站数据计算所得。

由下表可知，2007—2017 年，中国居民食品类和粮食类居民消费价格年均涨幅相同，均为 5.2%；由于饲料粮食是肉类生产的主要成本，所以以粮食价格消费指数与畜牧业生产价格指数存在正相关关系。图 3-13 显示，中国肉类的消费价格与肉类生产者价格变动几乎同步；2003—2015 年中国肉禽及其制品类居民消费价格指数增长率与畜牧业产品生产价格指数增长率的相关系数高达 0.98；这表明中国肉类消费价格的长期变化主要来自于成本推动。此外，由于肉类的需求价格弹性为负，中国肉禽及其制品类居民消费价格变化与肉类产量变化之间存在负相关关系，消费价格增速越高，肉类产量增速越低；消费价格增速越低，肉类产量增速越高（表 3-52）。

图 3-14　中国肉禽及其制品类居民消费价格指数与畜牧业产品生产者价格指数
数据来源：中国统计局网站。

表 3-52　各种价格指数和肉类产量年均增长

单位:%

年份	CPI	食品类居民消费价格指数	粮食类居民消费价格指数	肉禽及其制品类居民消费价格指数	畜牧业产品生产价格指数	肉类产量
1997—2007	1.1	1.8	1.5	2.6	—	2.8
2007—2017	3.2	5.2	5.2	6	4.2	2.3

数据来源:作者根据中国统计局数据计算所得。

第四章

CHAPTER 4

中国畜禽生产数据修正

中国肉类产品的供需预测比较困难，其中一个重要的原因是国家统计局所公布的肉类统计数据的准确性一直备受质疑（表4-1）。2008年以前，国家统计局每年所公布的畜禽产量数据由地方各级统计部门经过层层上报获得，而为了政绩需要，地方统计部门往往会夸大畜禽产量，从而导致畜禽的生产统计数据失真。

表4-1 中国肉类产量被虚增的相关文献

文　献	研究年份	结　论
钟甫宁（1997）	1981—1996	1996年肉类总产量的55%被虚增
卢峰（1998）	1981—1995	1995年肉类、禽蛋和水产品产量统计分别有40%以上为失真的水分
奥伯特（1999）	1981—1996	1996年实际的肉类产量只有官方公布产量的53%～67%
袁学国（1999）	1998	1998年猪、牛、羊肉和奶类的产量数据基本上能够反映中国的生产实际，而家禽和禽蛋产量有可能存在25%～30%的高估
Aubert（2008）	1985—2005	2005年猪肉和禽肉比官方数字低30%

4.1 中国畜禽生产数据的虚增

1996年和2006年中国分别进行了第一次和第二次全国农业普查，普查结果显示，通过普查所得到的中国畜禽存栏量远低于统计年鉴上的数据。因此可推断上世纪90年代至2006年国家统计局所公布的中国畜禽生产数据存在较大水分，也验证了相关学者对中国肉类产量虚增的质疑。

2008年，中国统计部门建立了主要畜禽监测调查制度，并使用抽样数据作为确定猪、牛、羊、禽等主要畜禽的生产数据依据。由于抽样数据造假的可能性不大，故国家统计局2008年以后所公布的畜禽生产数据被认为较为可靠。

2008年以前，中国每年的肉类产量究竟有多大？部分学者对统计年鉴上的历史肉类产量进行了修正，修正的方法主要有三种：一是使用中国饲料粮数据推导肉类产量。一般认为统计局所公布的粮食数据相对准确，较少存在争议。但该方法的最大问题是，在推导肉类产量过程中需要用到肉类的料肉比指标，不同学者对于该指标的推测存在较大分歧，从而导致使用该方法所估算的肉类产量存在较大差异。二是使用肉类的消费量推导肉类产量。由于国家统计局所公布的居民肉类消费量实际上仅是居民的户内肉类消费，因此在使用官方的肉类消费量数据推导肉类产量时，还需在户内肉类消费基础上加上居民的户外肉类消费。由于我国居民的户外肉类消费量并没有一个权威的统计来源，因此使用该方法所估计出来的肉类产量可信度较差。三是使用农业普查所获得的畜禽存栏数据对肉类产品的产量进行修正。蒋乃华(2002)在进行数据修正时，假定中国肉类产量的虚增幅度从基年开始每年按照一固定比例逐年放大；国家统计局后来使用类似的方法根据前两次农业普查的结果对中国畜禽的官方生产数据进行了调整。本书接下来对国家统计局对中国畜禽生产数据调整过程进行分析，并对可能存在的问题进行了探讨，然后对1984—2006年中国肉类生产数据进行修正。

4.2 国家统计局对中国畜禽生产数据的调整

4.2.1 依据1996年和2006年两次农业普查所作的调整

历史上中国统计局所公布的畜禽生产数据分为三种：一是经地方各级统计部门层层上报的数据；二是全国农业普查数据；三是抽样调查数据。一般认为，为了政绩需要地方部门往往会夸大畜禽的产量和生产规模，因此通过地方部门层层上报的数据通常被认为是不准确的，上报方式所得到的畜禽产量通常要大于实际产量。而通过农业普查和抽样调查所得到的数据造假的可能性较小，通常被认为相对客观和准确。中国在1996年和

2006 年分别进行了第一次和第二次全国农业普查，普查结果表明，原有
统计年鉴上的畜禽生产数据被严重虚增。国家统计局根据农业普查的结果
分别对 1996 年和 2006 年的畜禽生产数据进行调整，见表 4-2 和表 4-3；
并使用类似蒋乃华（2002）的方法对 2000—2005 年的畜禽生产数据进行
调整。

表 4-2　1996 年中国主要肉类产量的调整

单位：万吨

项　　　目	肉类	猪肉	牛肉	羊肉	禽肉
1996 年产量（1997 年年鉴）	5 915.1	4 037.7	494.9	240	1 074.6
1996 年产量（1998 年年鉴）	4 595.4	3 158	355.7	181	834.8
下调比例（%）	22.31	21.79	28.13	24.58	22.32
年鉴虚增比率（%）	28.72	27.86	39.13	32.60	28.73

数据来源：《中国畜牧业年鉴》各年和作者计算。

表 4-3　2006 年中国主要肉类产量的调整

单位：万吨

项　　　目	肉类	猪肉	牛肉	羊肉	禽肉
2006 年产量（2007 年年鉴）	8 051.45	5 197.17	749.99	469.66	1 506.61
2006 年产量（2008 年年鉴）	7 089.04	4 650.45	576.67	363.84	1 363.11
下调比例（%）	11.95	10.52	23.11	22.53	9.52
年鉴虚增比率（%）	13.58	11.76	30.06	29.08	10.53

数据来源：《中国畜牧业年鉴》各年和作者计算。

对比表 4-2 与表 4-3 可知：

（1）自 1996 年以来，中国畜禽产品产量的统计数据质量明显提高，
畜禽产品年鉴产量被虚增的幅度在变小（假定 1998 年和 2008 年统计年鉴
的畜禽生产数据为准确数据）。根据国家统计局调整后的数据，1996 年中
国肉类产量数据被虚增了 28.72%；而 2006 年中国肉类产量数据被虚增
幅度只有 13.58%。其中猪肉和禽肉产量被虚增的幅度减少最大，分别由
27.81% 和 28.73% 减少至 11.76% 和 10.53%。

（2）不同畜禽产品产量的被虚增幅度存在较大差异。牛肉和羊肉产量
被虚增幅度最大，猪肉和禽肉产量被虚增幅度较小。根据国家统计局调整

后的数据，1996 年牛肉产量的虚增幅度接近 40％，而猪肉、羊肉和禽肉产量的被虚增幅度约为 30％；2006 年牛肉和羊肉产量被虚增的幅度为 30％左右，而猪肉和禽肉产量被虚增的幅度仅为 10％左右。

4.2.2　统计部门所作的调整并不充分

首先，国家统计局没有对 1996 年以前、1997—1999 年的畜禽生产数据进行调整。20 世纪 80 年代以来，中国肉类生产数据一直采用地方各级统计部门层层上报的方式进行统计。如果存在畜禽生产数据虚增现象，则每一年的生产数据均会出现虚增。第一次农业普查表明 1996 年的畜禽生产数据存在严重虚增，但统计部门仅对 1996 年的畜禽生产数据进行调整，并没有对 1996 年以前的数据进行调整。第二次农业普查表明 2006 年的畜禽生产数据存在虚增的可能，但统计部门仅对 2000—2006 年畜禽生产数据进行了调整，并没有对 1997—1999 年的数据进行调整。

其次，统计部门在对畜禽的生产数据进行调整时，没有将畜禽的产量、存栏量和出栏量同比例调整。在某一特定年份，畜禽产品的产量、存栏量和出栏量之间存在一个固定比率，国家统计局在对畜禽生产数据进行调整时，应依据存栏量的虚增比率对产量和出栏量进行同比例修正（农业普查仅对畜禽的存栏量进行统计）。但国家统计局在对各年份的畜禽生产数据进行调整时，没有严格按照存栏量的调整比例进行调整，见表 4-4 和表 4-5。

表 4-4　1996 年中国畜禽存栏量、出栏量和肉类产量调整幅度

单位:％

项　目	猪	牛	羊	家禽
第一次农业普查存栏量虚增幅度	36.38	43.37	39.92	76.06
根据第一次农业普查存栏量、出栏量和肉产量应下调幅度	26.68	30.25	28.53	43.2
1998 年年鉴中的存栏量下调幅度	20.67	21.1	21.79	—
1998 年年鉴中的出栏量下调幅度	21.72	26.44	30.96	22.5
1998 年年鉴中的肉类产量下调幅度	21.79	28.13	24.58	22.32

数据来源：《中国畜牧业年鉴》各年和作者计算。

表 4-4 表明：①国家统计局调整前的中国畜禽生产数据被严重夸大。

与第一次农业普查数据相比，调整前的 1996 年中国猪、牛、羊和家禽的存栏量数据分别被高估了 36.38％、43.37％、39.92％和 76.06％（假定农业普查的存栏数据为真实数据）。②国家统计局调整后的 1996 年中国畜禽生产数据仍存在较大幅度虚增。根据各畜禽存栏量的应下调比例（假定农业普查的存栏数据为真实数据），将统计局调整前的 1996 年猪、牛、羊和家禽肉产量进行等比例下调，得到 1996 年中国猪、牛、羊和家禽肉的产量分别为 2 960.4 万吨、345.2 万吨、171.5 万吨和 610.4 万吨，推算得 1996 年中国实际肉类产量为 4 135.05 万吨（这四种畜禽产品占 1996 年肉类产量的 98.85％）。与实际肉类产量相比，调整前的 1996 年中国官方肉类产量被虚增了 43.05％；调整后的 1996 年中国官方肉类产量仍被虚增了 11.13％。除羊出栏量外，调整后的 1996 年的畜禽产品的产量、存栏量和出栏量调整幅度均小于应下调幅度，其中禽肉和禽出栏的调整程度最不充分，少调整的幅度约为 20％。

表 4-5　2006 年中国畜禽存栏量、出栏量和肉产量调整幅度

单位：％

项　　目	猪	牛	羊	家禽
第二次农业普查存栏量虚增幅度	18.13	33.24	30.06	10.91
根据第二次农业普查存栏量、出栏量和肉产量应下调幅度	15.35	24.95	23.11	9.84
2008 年年鉴中的存栏量下调幅度	15.35	24.95	23.11	9.84
2008 年年鉴中的出栏量下调幅度	10.06	24.64	24.98	8.56
2008 年年鉴中的肉类产量下调幅度	10.52	23.11	22.53	9.52

数据来源：《中国畜牧业年鉴》各年和作者计算。

表 4-5 表明：①2006 年畜禽生产数据的虚增情况要明显好于 1996 年的数据，其中猪和家禽存栏量虚增幅度已经低于 20％，但牛和羊的存栏量虚增幅度仍高于 30％。②根据第二次农业普查结果，国家统计局调整后的 2006 年的各主要畜禽的产量和出栏量的调整较为充分，各生产数据的下调幅度与应下调幅度基本一致（即畜禽出栏量的调整比例与存栏量的调整比例大体一致，需要指出的是猪的生产数据调整较不充分，猪出栏量和猪肉产量少调整幅度约 5％）。根据第二次农业普查各畜禽存栏量的应下调比例，将统计局调整前的 2006 年猪、牛、羊和家禽肉产量进行等比

例下调，得到 2006 年中国猪、牛、羊和家禽肉的实际产量分别为 4 399.3 万吨、562.9 万吨、361.1 万吨和 1 358.3 万吨，推算得 2006 年中国肉类实际产量为 6 789.53 万吨（这四种畜禽产品占 2006 年肉类产量的 98.41%）。与实际肉类产量相比，调整前的 2006 年中国官方肉类产量被虚增了 18.59%；调整后的 2006 年中国官方肉类产量仍被虚增了 4.41%。

4.2.3　2016 年农业普查所作的调整

2016 年中国进行了第三次全国农业普查，并于 2017 年 12 月公布了部分普查数据，但并没有涉及畜禽的存栏量数据。仅有的相关数据为 2018 年 7 月中国国家统计局官网上国家统计局农村司司长黄秉信的一篇署名文章。该文给出了依据第三次全国农业普查结果进行调整后的 2018 年上半年中国畜禽的部分生产数据和同比增长率，由此可推导出依据第三次全国农业普查结果进行调整后的 2017 年上半年畜禽的部分生产数据（见表 4-6，空白处数据无法获得）。该表显示，国家统计局依据第三次全国农业普查结果对畜禽的生产数据调整幅度十分有限，且调增和调减现象均存在。2017 年上半年，猪、牛、羊和禽肉调整前的总产量为 3 892 万吨，调整后的总产量为 3 962 万吨，向上调增了 70 万吨，调整幅度为 1.8%；其中猪肉产量向上调增 85 万吨，调整幅度为 3.41%；牛、羊和禽肉产量之和向下调减 15 万吨，调整幅度为 −1.07%；生猪出栏和存栏量数据分别调增了 2.55% 和 3.22%。这表明，2017 年上半年中国肉类产量整体上已不存在明显的虚增现象，有限的偏差可能是由统计误差所致。这意味着，2008 年以后的中国畜禽生产数据较为可信，历史上曾经困扰中国统计部门多年的畜禽生产数据虚增问题已得到根本解决。

表 4-6　2017 年上半年中国畜禽部分生产数据

项　　目	猪	牛	羊	家禽	合计产量
2018 年上半年出栏量（调整后，万头）	33 400	1 879	13 100	587 900	—
2017 年上半年出栏量（调整后，万头）	33 003	1 863	13 015	590 755	
2017 年上半年出栏量（调整前，万头）	32 183	—	—	—	
2017 年上半年出栏量调整幅度（%）	2.55	—	—	—	

（续）

项　　目	猪	牛	羊	家禽	合计产量
2018 年上半年存栏量（调整后，万头）	40 900	—	31 300	—	—
2017 年上半年存栏量（调整后，万头）	41 650	—	31 591	—	—
2017 年上半年存栏量（调整前，万头）	40 350	—	—	—	—
2017 年上半年存栏量调整幅度	3.22%	—	—	—	—
2018 年上半年产量（调整后，万吨）	2 614	281	199	902	3 996
2017 年上半年产量（调整后，万吨）	2 578	278	197	909	3 962
2017 年上半年产量（调整前，万吨）	2 493	—	—	—	3 892
2017 年上半年产量调整幅度（%）	3.41	—	—	—	1.80

数据来源：作者整理。

4.3　中国畜禽生产数据的修正

4.3.1　中国肉类产量的修正

数据的修正起点为 1984 年，对 1984—2006 年中国各主要肉类的产量修正采用"三阶段基准法"。即存在三组准确的肉类产量基准数据：第一，假定 1984—1990 年的肉类产量数据是准确的（1990 年以前的产量数据即便出现虚增，我们认为幅度也不大）；第二，假定两次农业普查所获得的畜禽存栏数据是准确的，并依据两次农业普查的畜禽存栏量虚增幅度将 1996 年和 2006 年这两年各主要肉类的产量进行等比例修正，假定修正后的这两年产量为肉类真实产量；第三，假定国家统计局公布的 2006 年以后的畜禽产量数据为准确数据。这是因为，国家统计局自 2008 年开始使用抽样调查数据作为计算畜禽生产数据的法定数据，抽样数据存在虚增的可能性不大。而 2007 年的产量数据尽管存在虚增的可能，但虚增的幅度也不会很大。

1. 猪肉产量修正

由猪肉产量变化趋势发现，2012 年以前的中国猪肉产量的三组基准数据近似分布在一条直线上，对猪肉产量的三组基准数据关于时间做线性回归，回归结果为：

$$pork_t = -267782 + 135.707t \ (R^2 = 0.999)$$

$$(-75.85) \ (76.74)$$

式中，*pork* 表示猪肉产量，*t* 表示时间（年），回归系数下面括号里数字为 *t* 值。

该回归方程的拟合情况非常好，这表明在样本期中国猪肉产量与时间近似呈线性关系，1984—2012 年中国猪肉产量年平均增长 135 万吨左右。除基准数据外，使用上式的拟合值作为其他时间猪肉产量的修正值。国家统计局发布的猪肉官方产量（即根据农业普查调整前和调整后的《中国畜牧业年鉴》产量）、FAO 发布的产量和本书修正后的产量见图 4-1。修正后的猪肉产量与 FAO 猪肉产量变化趋势较为一致，但自 1998 年，修正后的猪肉产量要略高于 FAO 猪肉产量。2012 年的猪肉修正产量比 FAO 的猪肉产量高了 10% 左右，这表明，FAO 有可能低估了中国猪肉在该阶段的产量。由该图可知，1991—2006 年，中国官方发布的猪肉产量曾出现过较严重的虚增，尽管国家统计局后来根据农业普查结果对猪肉产量数据进行调整，但调整后的猪肉官方产量仍存在较大幅度的虚增。

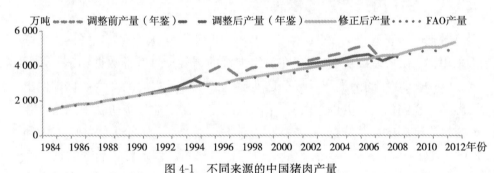

图 4-1　不同来源的中国猪肉产量

数据来源：《中国畜牧业年鉴》各年、FAO 网站和作者整理。

2. 牛肉产量修正

1991—1995 年牛肉产量的修正方法：假定 1990—1996 年中国牛肉年产量按不变增长率增长（即年增长率为 18.35%），可求得 1991—1995 年的牛肉修正产量。1997—2005 年中国牛肉产量的修正方法：对 1996 年与 2006 年的基准产量使用等额差值法获得（即 1997—2005 年中国牛肉产量每年增加 21.77 万吨）。国家统计局发布的牛肉官方产量（即根据农业普查调整前和调整后的《中国畜牧业年鉴》产量）、FAO 发布的产量和本书修正后的产量见下图。图 4-2 显示，调整后的牛肉官方产量与 FAO 发布

的牛肉产量数据较为接近；但 1991—2006 年，调整后的牛肉官方产量和
FAO 发布的牛肉产量均明显高于本书的修正产量。

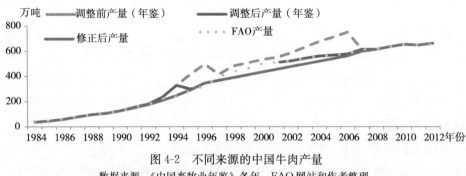

图 4-2　不同来源的中国牛肉产量
数据来源：《中国畜牧业年鉴》各年、FAO 网站和作者整理。

3. 羊肉产量修正

　　1991—1995 年羊肉产量的修正方法：对 1990 和 1996 年的基准产量使
用等额差值法获得（即 1991—1995 年中国羊肉产量每年增加 10.78 万吨）。
1997—2005 年羊肉产量的修正方法：对 1996 年与 2006 年的基准产量使用等
额差值法获得（即 1997—2005 年中国羊肉产量每年增加 18.96 万吨）。国家
统计局发布的羊肉官方产量（即根据农业普查调整前和调整后的《中国畜
牧业年鉴》产量）、FAO 发布的产量和本书修正后的产量见图 4-3。调整后
的羊肉官方产量、FAO 发布的产量和本书的修正产量基本一致，但 1997—
2000 年本书的羊肉修正产量比官方调整后的产量和 FAO 发布的产量要略
低。由该图可知，1991—2006 年，国家统计局发布的羊肉官方产量曾出现
过较严重的虚增，但统计部门后来对羊肉产量虚增的调整较为充分。

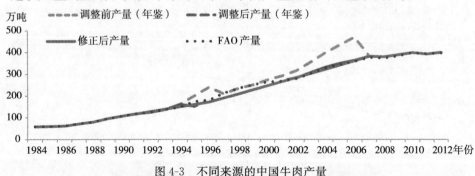

图 4-3　不同来源的中国牛肉产量
数据来源：《中国畜牧业年鉴》各年、FAO 网站和作者整理。

4. 禽肉产量修正

由样本期禽肉产量变化趋势发现，1996 年和 2006—2012 年的禽肉产量数据近似分布在一条直线上。首先对 2006—2012 年的禽肉产量关于时间进行线性回归，回归结果为：

$$poultry_t = -144569 + 72.752t \ (R^2 = 0.995)$$

$$(-22.49) \ (22.73)$$

式中，$poultry$ 表示禽肉产量；t 表示时间（年）；回归系数下面括号里数字为 t 值。

该回归结果显示，线性方程的拟合情况非常好。该方程在 1996 年的拟合值为 644 万吨，和 1996 年禽肉实际产量 610.4 万吨之间差距仅为 5.5%；因此可推断，1996—2012 年中国禽肉产量与时间之间近似呈线性关系。

1997—2005 年禽肉产量的修正方法：对 1996 年与 2006 年禽肉的基准产量进行等额差值法获得（即 1997—2005 年中国禽肉产量每年增加 74.81 万吨）。1991—1995 年禽肉产量修正方法：对 1990 年和 1996 年的基准产量进行等额差值法获得（即 1991—1995 年中国禽肉产量每年增加 41.92 万吨）。国家统计局发布的禽肉官方产量（即根据农业普查调整前和调整后的《中国畜牧业年鉴》产量）、FAO 发布的产量和本书修正后的产量见图 4-4。调整后的禽肉官方产量与 FAO 发布的产量基本一致；而本书修正后的禽肉产量则远低于上述两个机构发布的产量数据。由下图可知，1991—2006 年，调整前的禽肉官方产量曾出现过较严重的虚增现象；而调整后的禽肉官方产量和 FAO 发布的禽肉产量仍存在较大幅度的虚增。

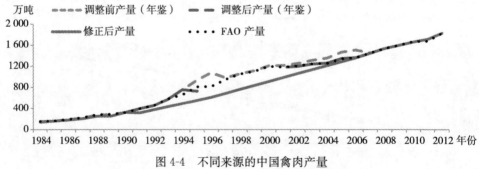

图 4-4　不同来源的中国禽肉产量

数据来源：《中国畜牧业年鉴》各年、FAO 网站和作者整理。

1984—2006 年，本书修正后的中国肉类产量见表 4-7。表 4-7 中的肉类总产量包括四种主要肉类之外的其他肉类，其他肉类产量在肉类总产量中的比例与统计局发布的其他肉类产量占比相同。

表 4-7　1984—2006　年中国肉类的修正产量

单位：万吨

年份	肉类	猪肉	牛肉	羊肉	禽肉
1984	1 689.7	1 444.8	37.3	58.6	149.0
1985	1 926.5	1 654.7	46.7	59.3	160.2
1986	2 112.4	1 796	58.9	62.2	180.2
1987	2 215.5	1 834.9	79.2	71.9	206.0
1988	2 479.5	2 017.6	95.8	80.2	252.2
1989	2 628.5	2 122.8	107.2	96.2	253.8
1990	2 857	2 281.1	125.6	106.8	322.9
1991	3 072.5	2 410.6	148.7	117.6	370.6
1992	3 303.9	2 546.3	175.9	128.4	418.7
1993	3 535.3	2 682.1	208.2	139.1	466.6
1994	3 771.8	2 817.8	246.4	149.9	514.6
1995	4 015.8	2 953.5	291.7	160.7	562.5
1996	4 138.6	2 960.4	345.2	171.5	610.4
1997	4 502.1	3 224.9	367	190.5	685.2
1998	4 776.5	3 360.6	388.7	209.4	760.0
1999	5 030.2	3 496.3	410.5	228.4	834.8
2000	5 291.2	3 632	432.3	247.3	909.6
2001	5 561.4	3 767.7	454.0	266.3	984.5
2002	5 825.4	3 903.4	475.8	285.3	1 059.3
2003	6 083.1	4 039.1	497.6	304.2	1 134.1
2004	6 338.0	4 174.8	519.3	323.2	1 208.9
2005	6 592.6	4 310.5	541.1	342.2	1 283.7
2006	6 816.8	4 399.3	562.9	361.1	1 358.5

表 4-7 中的肉类总产量修正值与国家统计局根据农业普查调整后的官方肉类总产量对比发现，国家统计局调整后的肉类官方总产量（即调整后

的年鉴肉类总产量）仍存在一定幅度虚增（图 4-5）。另外，1984—2012年本书的中国肉类总产量修正值、猪肉产量修正值均与时间近似呈线性关系，其中肉类总产量年均增长 239 万吨，猪肉产量年均增长 139 万吨。

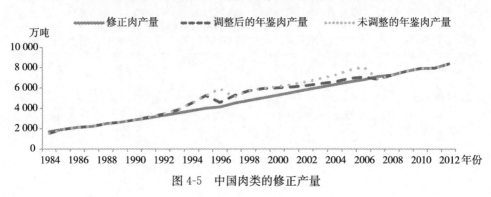

图 4-5　中国肉类的修正产量

4.3.2　中国畜禽出栏量的修正

统计上，畜禽的肉产量等于畜禽的出栏量与单位胴体重的乘积。我国畜禽的胴体重通过抽样获得，故出现虚增的可能性不大。1984—2006 年中国畜禽修正后的出栏量等于修正后的畜禽肉产量除以对应的单位胴体重，见表 4-8。

表 4-8　1984—2006 年中国畜禽出栏量修正值

单位：万头（只）

年份	生猪出栏	牛出栏	羊出栏	家禽出栏
1984	22 047	386.9	5 080.5	—
1985	23 875.2	456.5	5 081	—
1986	25 721.5	555	5 227.1	—
1987	26 177	740.3	6 052.9	—
1988	27 570.3	858	6 827.2	—
1989	29 023.3	943	8 122.9	—
1990	30 991	1 088.3	8 931.4	—
1991	32 337.7	1 263.1	9 766.4	265 072.9
1992	33 981.9	1 482.1	10 545.9	294 329.7
1993	35 443.2	1 690.8	11 293.0	323 603.2

（续）

年份	生猪出栏	牛出栏	羊出栏	家禽出栏
1994	37 018.6	1 893.2	12 228.3	349 428.7
1995	38 897.3	2 141.5	13 188.8	379 260.6
1996	38 612.3	2 546.7	13 881.6	408 356.9
1997	41 962.2	2 746.5	14 082.9	450 381.2
1998	43 451.2	2 905.1	15 425.4	492 405.4
1999	45 375.3	3 058.8	17 108.1	556 158
2000	47 454.8	3 216.9	18 477.7	610 058.8
2001	49 464.7	3 407	19 763.2	657 934.3
2002	51 139.5	3 582.0	20 972.6	705 910.9
2003	52 918.4	3 712.3	22 094.3	768 041.6
2004	54 876.1	3 856.1	22 941.3	811 379.8
2005	56 862.9	4 021.2	24 206.8	864 840.2
2006	57 603.3	4 205.2	25 347.2	917 563

注：一表文年鉴数据缺失。

4.3.3　中国畜禽存栏量的修正

虽然畜禽的出栏量与存栏量存在一定比例关系，在已知出栏量基础上很容易通过出栏存栏比推算出畜禽的存栏量，但实际上畜禽的真实出栏存栏比无法直接获得。本书尝试通过使用修正后的肉类产量除以国家统计局未根据农业普查进行调整的畜禽出栏存栏比以获得畜禽的存栏量，但该方法所得到的畜禽存栏量数据结果不能令人满意。统计局官方公布的畜禽出栏存栏比失真的主要原因有两个：一是地方部门在上报数据时，畜禽出栏量和存栏量的虚增幅度有可能不一致，这导致畜禽出栏量与存栏量之间的比例关系被破坏，从而导致畜禽出栏存栏比失真；二是在依据农业普查数据对畜禽生产数据进行修正时，统计部门有可能为了使畜禽产量的虚增幅度看上去更小些，向下调减出栏量的幅度比存栏量的调减幅度要小一些，这也会导致畜禽出栏存栏比失真。

图4-6至图4-8分别为生猪、牛和羊的出栏存栏比，并将依据农业普查调整后的官方出栏存栏比与未经农业普查调整的官方出栏存栏比（《中国畜牧业年鉴》数据）作了对比。图4-6至图4-9显示，由于国家统计局

在依据农业普查结果对畜禽的出栏量和存栏量进行调整时，对二者的调整幅度不同，从而使得畜禽的出栏存栏比在数据调整前后出现一定差异。这种差异表现为：一是 1996 年调整后的官方畜禽出栏存栏比比调整前要低。这是因为国家统计局对 1996 年生猪、牛和羊三种畜禽出栏量的调减幅度大于存栏量的调减幅度（表 4-4），从而导致 1996 年调整后的畜禽出栏存栏比比调整前的要低。国家统计局对 1996 年三种畜禽出栏量的调减幅度大于存栏量的调减幅度的原因目前尚不清楚。二是 2000—2006 年，调整后的官方生猪和羊的出栏存栏比比调整前要高。这是因为国家统计局对此期间上述两种畜禽出栏量的调减幅度小于存栏量的调减幅度。这种调整结果的好处是，一方面使得畜禽存栏水平与农业普查数据完全衔接，另一方面使得调整后的产量虚增幅度比实际虚增幅度要小，人为降低了畜禽生产数据虚增的严重程度。

分畜种来看，生猪和羊调整前后的官方出栏存栏比差异较大，而牛调整前后的官方出栏存栏比差异很小。考虑到 2008 年以后抽样方法所获得的畜禽生产数据可信度较高，可认为 2008 年后的畜禽出栏存栏比相对可靠。由于 2008 年后的畜禽出栏存栏比变化较为平缓，可推断正常情况下，畜禽的出栏存栏比变化也应该较为平缓。而统计局调整后的生猪和羊出栏存栏比在 2006 年附近出现较大幅度跳跃，且 2000—2006 年的出栏存栏比变化趋势与 2008 年后的数据存在较大差异，由此可推断统计局调整后的 2000—2006 年生猪和羊出栏存栏比存在较明显的失真。故可认为，统计局调整后的 2000—2006 年畜禽出栏量和存栏量数据仍不能真实反映畜禽的实际生产情况。

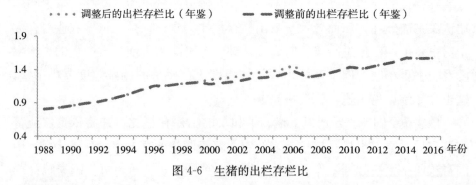

图 4-6 生猪的出栏存栏比

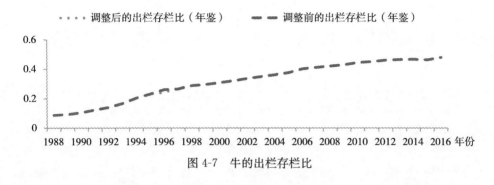

图 4-7 牛的出栏存栏比

图 4-8 羊的出栏存栏比

1984—2006 年中国畜禽存栏量数据修正分为两步：第一，修正畜禽的出栏存栏比。首先，假定 1984—1990 年，2006—2012 年统计年鉴的出栏存栏比是真实的；其次，根据农业普查所得到的 1996 年和 2006 年畜禽存栏量和修正后的出栏量算出 1996 年和 2006 年出栏存栏比并作为基准。1991—1995 年和 1997—2005 年出栏存栏比通过等额插值法获得；其他年份同调整后的《中国畜牧业统计年鉴》。第二，使用修正后的出栏量除以修正后的出栏存栏比，得到存栏量数据。1984—2006 年中国畜禽修正后的存栏量见表 4-9（空白处数据缺失）。

表 4-9　1984—2006 年中国畜禽存栏量修正值

单位：万头（只）

年份	生猪存栏	牛存栏	羊存栏	家禽存栏
1984	30 679.2	8 212.8	15 840.0	—
1985	33 139.6	8 682.0	15 588.0	—
1986	33 719.1	9 166.7	16 623.0	—

（续）

年份	生猪存栏	牛存栏	羊存栏	家禽存栏
1987	32 773.3	9 465.1	18 034.0	—
1988	34 221.8	9 794.8	20 153.0	—
1989	35 281.0	10 075.2	21 164.0	—
1990	36 240.8	10 288.4	21 002.0	—
1991	35 750.8	9 592.9	21 180.1	—
1992	35 623.5	9 406.3	21 220.9	—
1993	35 326.4	9 216.3	21 195.7	—
1994	35 165.5	9 043.2	21 504.3	254 851.3
1995	35 294.3	9 103.3	21 818.1	247 253.3
1996	33 532.9	9 752.2	21 678.5	267 676.9
1997	35 743.9	9 979.7	21 163.3	288 211.4
1998	36 316.5	10 042.7	22 338.2	307 792.8
1999	37 224.8	10 083.8	23 906.1	339 760.3
2000	38 225.5	10 135.1	24 945.1	364 425.1
2001	39 135.4	10 278.3	25 806.1	384 498.6
2002	39 753.1	10 366.5	26 516.1	403 777.6
2003	40 428.9	10 323.2	27 075.2	430 182.7
2004	41 216.3	10 319.4	27 274.1	445 200.9
2005	41 999.1	10 370.9	27 944.7	465 062.7
2006	41 850.6	10 465.7	28 369.8	483 690.9

中国肉类供需局部均衡模型

本章首先介绍了模型的变量和数据来源；然后建立包含猪、牛、羊和禽四种主要畜禽的局部均衡模型；使用上一章修正后的畜禽生产数据对所建立的局部均衡模型进行参数估计；最后对中国肉类的供需进行长期预测。

5.1 变量选取和数据来源

模型所涉及的变量见表 5-1。除猪肉的生产者价格使用国家统计局公布的猪生产价格指数代替外，其他肉类的生产者价格、进出口价格和进出口数量来源于 FAO 数据库；玉米价格来自《中国农业发展年鉴》；其余数据来源于《中国统计年鉴》和《中国畜牧业年鉴》。肉类的总需求由肉类的城镇户内消费、农村户内消费、户外消费和出口四部分组成，本书将肉类的户外消费定义为肉类的总需求与肉类户内消费和出口之和的差额；肉类的总供给等于肉类总产量加上肉类进口量（本书不考虑肉类的库存变动）；肉类的产量使用前文所获得的修正后的产量。实际价格和实际收入通过使用 CPI 进行调整获得（令 1995 年的 CPI 为 100）。在数据使用方面，本书的主要特征是在肉类生产模型的参数估计时，使用官方统计年鉴所公布的经农业普查调整后的存栏、出栏数据；在肉类消费模型的参数估计时，使用前文得到的肉类产量修正数据。这样做的好处是：一是使用修正后的肉类产量能更真实地反映中国肉类生产和消费的变化；二是生产模型中的肉类出栏、存栏等方程主要反映畜禽出栏和存栏的相对变化关系，与肉类总量的调整关系不大，使用官方统计年鉴所公布的未经农业普查调整的存栏、出栏数据能够更好地反映畜禽出栏和存栏的变化关系；三是由于中国畜禽历史存栏量和出栏量的虚增幅度并不一致，尽管根据两次农业普查的结果可以获得相对准确的肉类产量和畜禽出栏数据，但很难获得较为真实的畜禽存栏数据，故无需使用修正后的畜禽出栏和存栏数据。

表 5-1　模型的变量

变量	名　称	单　位
$P1$	猪肉生产者价格指数（1984 年为 100）	
$P2$	牛肉生产者价格	（元/千克）
$P3$	羊肉生产者价格	（元/千克）
$P4$	禽肉生产者价格	（元/千克）
$P5$	玉米价格	（元/千克）
$X5$	城镇人均猪肉消费	千克
$X6$	农村人均猪肉消费	千克
$X7$	户外人均猪肉消费	千克
$X8$	人均牛肉消费	千克
$X9$	城镇人均羊肉消费	千克
$X10$	农村人均羊肉消费	千克
$X11$	户外人均羊肉消费	千克
$X12$	城镇人均禽肉消费	千克
$X13$	农村人均禽肉消费	千克
$X14$	户外人均禽肉消费	千克
IMP	猪肉进口量	万吨
EXP	猪肉出口量	万吨
IMB	牛肉进口量	万吨
EXB	牛肉出口量	万吨
IMS	羊肉进口量	万吨
EXS	羊肉出口量	万吨
IMQ	禽肉进口量	万吨
EXQ	禽肉出口量	万吨
$IMPP$	猪肉进口价格	（元/千克）
$EXPP$	猪肉出口价格	（元/千克）
$IMBP$	牛肉进口价格	（元/千克）
$EXSP$	牛肉出口价格	（元/千克）

（续）

变量	名　　称	单　位
IMQP	禽肉进口价格	（元/千克）
EXQP	禽肉出口价格	（元/千克）
I1	城镇人均实际可支配收入	元
I2	农村人均实际纯收入	元
I	人均实际收入	元
PO1	城镇人口	万人
PO2	农村人口	万人
PO	总人口	万人
T	时间（1991 年＝1）	
T2	时间的平方根（1991 年＝1）	
S1	生猪存栏	万头
S2	牛存栏	万头
S3	羊存栏	万头
S4	母猪存栏（能繁母猪存栏）	万头
S5	新生猪存栏	万头
S14	禽存栏	万头
C1	猪出栏	万头
C2	牛出栏	万头
C3	羊出栏	万头
C4	禽出栏	万头
W1	猪胴体重	千克
W2	牛胴体重	千克
W3	羊胴体重	千克
W4	禽胴体重	千克
D	虚拟变量 （1991—1996，取 0；1997—2012，取 1）	
D1	虚拟变量 （1991—1995，取 0；1996—2012，取 1）	
D2	虚拟变量 （1991—2002，取 0；2003—2012，取 1）	
D3	虚拟变量 （1991—2006，取 0；2007—2012，取 1）	

5.2 模型设定和参数估计

中国肉类供需局部均衡模型分为猪肉模型、牛肉模型、羊肉模型和禽肉模型四个模块，每个模块又分别由生产模型、消费模型、进出口模型和均衡条件四部分组成。模型的参数估计采用三阶段最小二乘法，由于样本容量限制，本书没有将肉类的进出口模型与生产和消费模型一起进行估计，而是对畜禽进出口模型进行单独估计。为了获得更好的回归效果，本书将回归方程中不显著的变量予以剔除，仅保留回归显著的解释变量。

5.2.1 猪肉模型

在猪肉的生产模型中，生猪存栏、母猪存栏、新生猪存栏、猪出栏和猪胴体重采用《中国畜牧业年鉴》未经调整的数据（1998 年和 2008 年国家统计局根据农业普查的结果对畜禽的存栏和出栏数据作了调整；经比较，采用未根据农业普查的结果进行调整的统计年鉴的畜禽存栏、出栏和胴体重数据要优于调整后的数据）。$L.$ 表示变量的滞后一期。

生产模型：

$$\text{Ln}(S1) = \alpha_{10} + \alpha_{11} L.\text{Ln}(P1) + \alpha_{12} L.\text{Ln}(S1) + \alpha_{13} L.\text{Ln}(S4) +$$
$$\alpha_{14} L.\text{Ln}(C1) + \alpha_{15} D \tag{1}$$

$$\text{Ln}(S4) = \alpha_{20} + \alpha_{21}\text{Ln}(P1) + \alpha_{23} L.\text{Ln}(P1) + \alpha_{24} L.\text{Ln}(P5) +$$
$$\alpha_{25} L.\text{Ln}(S4) + \alpha_{26} L.\text{Ln}(S5) \tag{2}$$

$$\text{Ln}(S5) = \alpha_{30} + \alpha_{31} L.\text{Ln}(P1) + \alpha_{32} L.\text{Ln}(S4) + \alpha_{34} D \tag{3}$$

$$\text{Ln}(C1) = \alpha_{40} + \alpha_{41}\text{Ln}(P1) + \alpha_{42} L.\text{Ln}(P1) + \alpha_{43} L.\text{Ln}(S4) +$$
$$\alpha_{44} L.\text{Ln}(S5) + \alpha_{45} T + \alpha_{46} D \tag{4}$$

$$\text{Ln}(W1) = \alpha_{50} + \alpha_{51}\text{Ln}(P1) + \alpha_{52} L.\text{Ln}(W1) + \alpha_{53} D \tag{5}$$

消费模型：

$$\text{Ln}(X5) = \alpha_{60} + \alpha_{61}\text{Ln}(P1) + \alpha_{62}\text{Ln}(P2) + \alpha_{63}\text{Ln}(I1) + \alpha_{64} T \tag{6}$$

$$\text{Ln}(X6) = \alpha_{70} + \alpha_{71}\text{Ln}(P1) + \alpha_{72}\text{Ln}(I2) + \alpha_{73} D \tag{7}$$

$$\text{Ln}(X7) = \alpha_{80} + \alpha_{81}\text{Ln}(P1) + \alpha_{82}\text{Ln}(P5) + \alpha_{83}\text{Ln}(I) + \alpha_{84} D_1 \tag{8}$$

进出口模型：

$$Ln(IMP) = \alpha_{90} + \alpha_{91}Ln(IMPP) + \alpha_{92}L.Ln(IMP) + \alpha_{93}T \quad (9)$$

$$Ln(EXP) = \alpha_{00} + \alpha_{01}Ln(EXPP) + \alpha_{02}Ln(P1) + \alpha_{03}L.Ln(EXP) +$$
$$\alpha_{04}D_1 + \alpha_{05}D_2 \quad (10)$$

$$Ln(IMPP) = \alpha_{110} + \alpha_{111}Ln(P1) + \alpha_{112}Ln(P3) + \alpha_{113}Ln(P4) + \alpha_{114}D1 \quad (11)$$

$$Ln(EXPP) = \alpha_{120} + \alpha_{121}Ln(P1) + \alpha_{122}L.Ln(EXPP) \quad (12)$$

均衡条件：

$$(X5 \times PO1 + X6 \times PO2 + X7 \times PO)/1\,000 = C1 \times W1/1\,000 + IMP - EXP \quad (13)$$

猪肉模型的估计结果见表 5-2。生猪存栏（S1）由前期猪肉生产者价格、前期生猪存栏、前期母猪存栏和前期生猪出栏决定。前期猪肉生产者价格、前期生猪存栏和前期母猪存栏的回归系数为正，前期生猪出栏的回归系数为负。前期母猪存栏对当期生猪存栏量影响最大，前期母猪存栏增加 1%，当期生猪存栏量将增加 0.438 9%。另外，前期猪肉生产者价格增加 1%，当期生猪存栏量将增加 0.123 8%；前期生猪存栏增加 1%，当期生猪存栏量将增加 0.163 4%；前期生猪出栏对当期生猪存栏量影响方向为负，前期生猪出栏增加 1%，当期生猪存栏量将减少 0.089 2%。

母猪存栏（S4）由前期猪肉生产者价格、当期猪肉生产者价格、前期玉米价格、前期母猪存栏和前期新生猪决定。前期猪肉生产者价格、当期猪肉生产者价格、前期母猪存栏和前期新生猪的回归系数为正，前期玉米价格的回归系数为负。前期猪肉生产者价格和当期猪肉生产者价格对当期母猪存栏影响为正，猪肉价格越高，饲养户保留的母猪存栏量越大；前期猪肉生产者价格的回归系数值大于本期价格，意味着当前母猪存栏水平更多地取决于前期的猪肉生产者价格水平。前期猪肉生产者价格增加 1%，当期母猪存栏量将增加 0.554 6%；当期猪肉生产者价格增加 1%，当期母猪存栏量将增加 0.314 8%。前期玉米价格的回归系数为负，意味着更高的生猪养殖成本会导致饲养户减少母猪存栏；前期玉米价格增加 1%，当期母猪存栏量将减少 0.899 7%。前期母猪存栏和前期新生猪的回归系数为正，意味着前期新生猪越多，未来母猪存栏水平越高；前期母猪存栏增加 1%，当期母猪存栏量将增加 0.205 3%；前期新生猪存栏增加 1%，当期母猪存栏量将增加 0.653 8%。

新生猪存栏（$S5$）由前期猪肉生产者价格和前期母猪存栏决定，且二者的回归系数均为正，意味着前期猪肉生产者价格和前期母猪存栏会对当期新生猪存栏的影响为正。前期猪肉生产者价格增加 1%，当期新生猪存栏将增加 0.379 8%；前期母猪存栏增加 1%，当期新生猪存栏将增加 1.007 3%。

生猪出栏（$C1$）由当期猪肉生产者价格、前期猪肉生产者价格、前期母猪存栏和前期新生猪决定，且四个回归系数均为正。意味着当期猪肉生产者价格、前期猪肉生产者价格、前期母猪存栏和前期新生猪对当期生猪出栏的影响均为正。当期生猪出栏受前期母猪存栏影响最大，前期母猪存栏增加 1%，当期生猪出栏将增加 0.488 8%。前期猪肉生产者价格对当期生猪出栏的影响要高于当期猪肉生产者价格，前期猪肉生产者价格增加 1%，当期生猪出栏将增加 0.218 8%；当期猪肉生产者价格增加 1%，当期生猪出栏将增加 0.082 9%。另外，前期新生猪增加 1%，当期生猪出栏将增加 0.149 1%。

生猪出栏胴体重（$W1$）由当期猪肉生产者价格和前期出栏胴体重决定，且回归系数均为正。当期猪肉生产者价格增加 1%，当期生猪出栏将增加 0.0148%；前期出栏胴体重增加 1%，当期生猪出栏将增加 0.710 7%。

城镇人均猪肉消费（$X5$）由当期猪肉生产者价格、当期牛肉生产者价格和当期城镇人均实际可支配收入决定。当期猪肉生产者价格的回归系数为负，意味着当期猪肉价格越高，城镇人均猪肉消费量越少；当期牛肉生产者价格的回归系数为正，意味着对于城镇居民猪肉为牛肉的替代性消费品，更高的牛肉价格会导致城镇居民消费更多的猪肉；城镇人均实际可支配收入的回归系数最大，表明收入提高是城镇居民猪肉消费增长的最重要因素。当期猪肉生产者价格增加 1%，当期城镇人均猪肉消费将减少 0.284 3%；当期牛肉生产者价格增加 1%，当期城镇人均猪肉消费将增加 0.1147%；当期城镇人均实际可支配收入增加 1%，当期城镇人均猪肉消费将增加 0.827%。

农村人均猪肉消费（X6）由当期猪肉生产者价格和农村人均纯收入决定。当期猪肉生产者价格的回归系数为负，意味着当期猪肉价格越高，农村人均猪肉消费量越少；农村人均纯收入的回归系数为正，表明收入提高对农村居民猪肉消费起到正向影响作用。当期猪肉生产者价格增加1%，当期农村人均猪肉消费将减少 0.366 2%；当期农村人均纯收入增加1%，当期农村人均猪肉消费将增加 0.393 1%。

人均户外猪肉消费（X7）由当期猪肉生产者价格、当期玉米价格和当期人均可支配收入决定。当期猪肉生产者价格和当期人均可支配收入的回归系数为正，意味着二者对当期人均户外猪肉消费产生正向影响；当期玉米价格回归系数为负，意味着其对当期人均户外猪肉消费产生负向影响。当期猪肉生产者价格增加1%，当期人均户外猪肉消费将增加0.206 9%；当期玉米价格增加1%，当期人均户外猪肉消费将减少 0.223 5%；当期人均可支配收入增加1%，当期人均户外猪肉消费将增加 0.408 2%。

表 5-2　猪肉模型估计结果

变量	S1	S4	S5	C1	W1	X5	X6	X7
常数项	6.284 2***	0.353 1	2.501 7***	4.988 5***	1.250 7***	1.637***	2.004 3***	1.831 9***
$P1$		0.314 8***		0.082 9**	0.014 8**	−0.284 3***	−0.366 2***	0.206 9***
$P2$						0.114 7*		
$P5$								−0.223 5***
$L.P1$	0.123 8***	0.554 6***	0.379 8***	0.218 8***				
$L.P5$		−0.899 7***						
$L.S1$	0.163 4*							
$L.S4$	0.438 9***	0.205 3**	1.007 3***	0.488 8***				
$L.S5$		0.653 8***		0.149 1***				
$L.C1$	−0.089 2**							
$L.W1$					0.710 7***			
$I1$						0.827***		
$I2$							0.393 1***	
I								0.408 2***

（续）

变量	S1	S4	S5	C1	W1	X5	X6	X7
T				0.017 1***		−0.055 6***		
D	−0.089 1***		−0.164 6***	−0.199 7***	−0.005 8**		−0.090 2***	
$D1$								0.106 7***
$RMSE$	0.022	0.057	0.057	0.029	0.004	0.045	0.027	0.051
R^2	0.91	0.92	0.91	0.98	0.66	0.79	0.95	0.96
chi^2	362.55	296.73	246.34	1032.8	75.6	88.49	498.6	551.56

注：***、**、* 分别表示在1%、5%、10%的水平上显著。下同

由上表可知，除猪胴体重、城镇人均猪肉消费外，其余模型的 R^2 均在 0.9 以上，模型的拟合程度较好，其中猪出栏的 R^2 达到 0.98。

5.2.2 牛肉模型

生产模型：

$$\text{Ln}(C2) = \beta_{10} + \beta_{11}\text{Ln}(P2) + \beta_{12}\text{Ln}(LC2) + \beta_{13}D_3 \tag{14}$$

$$\text{Ln}(S2) = \beta_{20} + \beta_{21}\text{Ln}(LP5) + \beta_{23}\text{Ln}(LS2) \tag{15}$$

$$\text{Ln}(W2) = \beta_{30} + \beta_{31}\text{Ln}(LW2) \tag{16}$$

消费模型：

$$\text{Ln}(X8) = \beta_{40} + \beta_{41}\text{Ln}(P4) + \beta_{42}\text{Ln}(I) + \beta_{43}D \tag{17}$$

进出口模型：

$$\text{Ln}(IMB) = \beta_{50} + \beta_{51}\text{Ln}(IMBP) + \beta_{52}\text{Ln}(P2) + \beta_{53}L.\text{Ln}(IMB) +$$
$$\beta_{54}T + \beta_{55}D_1 + \beta_{56}D_2 \tag{18}$$

$$\text{Ln}(EXB) = \beta_{60} + \beta_{61}L.\text{Ln}(EXB) \tag{19}$$

$$\text{Ln}(IMBP) = \beta_{70} + \beta_{71}\text{Ln}(P3) + \beta_{72}L.\text{Ln}(IMBP) + \beta_{73}T \tag{20}$$

均衡条件：

$$X8 \cdot PO = C2 \cdot W2/1\,000 + IMB - EXB \tag{21}$$

牛肉模型的估计结果见表 5-3。牛出栏（C2）由当期牛肉生产者价格和前期牛出栏决定。二者的回归系数均为正，这表明当期牛肉生产者价格和前期牛出栏对当期牛出栏的影响为正。当期牛肉生产者价格增加 1%，当期牛出栏增加 0.054 1%；前期牛出栏增加 1%，当期牛出栏将增加

0.858 4%。

牛存栏（S2）由前期玉米价格和前期牛存栏决定。前期玉米价格的回归系数为负，这表明前期玉米价格对当期牛存栏的影响为负；前期牛存栏的回归系数为正，这表明前期牛存栏对当期牛存栏的影响为正。前期玉米价格增加1%，当期牛存栏减少0.016 9%；前期牛存栏增加1%，当期牛存栏将增加0.882 9%。

牛出栏胴体重（W2）由前期牛出栏胴体重决定。前期牛出栏胴体重增加1%，当期牛出栏胴体重增加0.775 1%。

人均牛肉消费（X8）由当期鸡肉生产者价格和当期人均可支配收入决定。当期鸡肉生产者价格的回归系数为正，意味着牛肉为鸡肉的替代性消费品，更高的鸡肉价格会导致更多的牛肉消费；当期人均可支配收入的回归系数为正，表明当期人均可支配收入对当期人均牛肉消费影响为正。当期鸡肉生产者价格增加1%，当期人均牛肉消费增加0.098 9%；前期当期人均可支配收入增加1%，当期人均牛肉消费增加0.192 6%。

表5-3 牛肉模型估计结果

变量	C2	S2	W2	X8
常数项	1.374 6***	1.107 4***	1.108 1***	6.105 9***
P2	0.054 1***			
P4				0.098 9***
L.P5		−0.016 9***		
L.S2		0.882 9***		
L.C2	0.858 4***			
L.W2			0.775 1***	
I				0.192 6***
D				0.059 3***
D3	−0.022 4***			
RMSE	0.020 1	0.006 9	0.012 6	0.016 3
R^2	0.99	0.97	0.9	0.98
chi^2	7 371.89	781.14	186.75	814.61

由上表可知，所有模型的R^2均在0.9以上，模型的拟合程度较好，

其中牛出栏的 R^2 达到 0.99。

5.2.3 羊肉模型

生产模型：

$$\text{Ln}(C3) = \lambda_{10} + \lambda_{11}\text{Ln}(P2) + \lambda_{12}\text{Ln}(P2) + \lambda_{13}\text{Ln}(P4) +$$
$$\lambda_{14}L.\text{Ln}(S3) + \lambda_{15}L.\text{Ln}(C3) + \lambda_{16}D_3 \tag{22}$$

$$\text{Ln}(S3) = \lambda_{20} + \lambda_{21}\text{Ln}(P3) + \lambda_{22}L.\text{Ln}(S3) + \lambda_{23}\text{Ln}(C3) \tag{23}$$

$$\text{Ln}(W3) = \lambda_{30} + \lambda_{31}L.\text{Ln}(W3) + \lambda_{32}T \tag{24}$$

$$\text{Ln}(P3) = \lambda_{40} + \lambda_{41}\text{Ln}(P1) + \lambda_{42}L.\text{Ln}(P2) + \lambda_{43}\text{Ln}(C3) \tag{25}$$

消费模型：

$$\text{Ln}(X9) = \lambda_{50} + \lambda_{51}\text{Ln}(P2) + \lambda_{52}\text{Ln}(P4) + \lambda_{53}\text{Ln}(I1) \tag{26}$$

$$\text{Ln}(X10) = \lambda_{60} + \lambda_{61}\text{Ln}(P2) + \lambda_{62}\text{Ln}(I2) + \lambda_{63}D_1 \tag{27}$$

进出口模型：

$$\text{Ln}(IMS) = \lambda_{70} + \lambda_{71}L.\text{Ln}(IMS) + \lambda_{72}T + \lambda_{73}D_1 \tag{28}$$

$$\text{Ln}(EXS) = \lambda_{80} + \lambda_{81}\text{Ln}(EXSP) + \lambda_{82}\text{Ln}(P3) + \lambda_{83}L.\text{Ln}(EXS) +$$
$$\lambda_{84}D_2 \tag{29}$$

$$\text{Ln}(EXSP) = \lambda_{90} + \lambda_{91}\text{Ln}(P2) + \lambda_{92}L.\text{Ln}(EXSP) + \lambda_{93}D_1 \tag{30}$$

均衡条件：

$$(X9 \cdot PO1 + X10 \cdot PO2 + X11 \cdot PO)/1\,000$$
$$= C3 \cdot W3/1\,000 + IMS - EXS \tag{31}$$

上式中，假定 $\text{Ln}(X11)$ 每年增长 0.02。

羊肉模型的估计结果见表 5-4。羊出栏（$C3$）由当期猪肉生产者价格、当期牛肉生产者价格、当期禽肉生产者价格、前期羊出栏和前期羊存栏决定。当期猪肉生产者价格和当期禽肉生产者价格的回归系数为负，表明猪肉和禽肉是羊肉的互补性消费品，猪肉和禽肉价格升高会减少羊肉的消费。当期牛肉生产者价格的回归系数为正，表明牛肉是羊肉的替代性消费品，牛肉价格的提高会导致羊肉消费的增加。另外，前期羊出栏和前期羊存栏的回归系数为正。表 5-4 显示，当期猪肉生产者价格增加 1%，当期羊出栏减少 0.143 6%；当期牛肉生产者价格增加 1%，当期羊出栏将增加 0.124 7%；当期禽肉生产者价格增加 1%，当期羊出栏将下降 0.049 6%；

前期羊出栏增加 1%，当期羊出栏将增加 0.663 7%；前期羊存栏增加 1%，当期羊出栏将增加 0.684 3%。

羊存栏（S3）由当期羊肉生产者价格、当期羊出栏和前期羊存栏决定。当期羊肉生产者价格的回归系数为负，羊肉价格升高会减少羊肉的消费。当期羊出栏和前期羊存栏的回归系数为正，表明二者对当期羊存栏有正向影响。当期羊肉生产者价格增加 1%，当期羊存栏减少 0.0425%；当期羊出栏增加 1%，当期羊存栏将增加 0.148 4%；前期羊存栏增加 1%，当期羊存栏将增加 0.637 3%。

羊出栏胴体重（W3）由前期羊出栏胴体重决定。前期羊出栏胴体重增加 1%，当期羊出栏胴体重增加 0.609 7%。

羊肉生产者价格（P3）由当期猪肉生产者价格、前期牛肉生产者价格和当期羊出栏决定。当期猪肉生产者价格增加 1%，当期羊肉生产者价格增加 0.226 7%；前期牛肉生产者价格增加 1%，当期羊肉生产者价格增加 0.344 5%；当期羊出栏增加 1%，当期羊肉生产者价格增加 0.368 6%。

城镇人均羊肉消费（X9）由当期牛肉生产者价格、当期禽肉生产者价格和当期城镇人均实际可支配收入决定。当期牛肉生产者价格的回归系数为负，意味着对于城镇居民牛肉和羊肉为互补性消费品，当期牛肉价格越高，城镇人均羊肉消费量越少；当期禽肉生产者价格的回归系数为正，意味着对于城镇居民禽肉为羊肉的替代性消费品，当期禽肉价格越高，城镇人均羊肉消费量越高。当期牛肉生产者价格增加 1%，城镇人均羊肉消费减少 0.404 4%；当期禽肉生产者价格增加 1%，城镇人均羊肉消费增加 0.119 4%；当期城镇人均实际可支配收入增加 1%，城镇人均羊肉消费增加 0.154%。

农村人均羊肉消费（X10）由当期牛肉生产者价格和农村人均纯收入决定。当期牛肉生产者价格的回归系数为负，意味着对于农村居民牛肉和羊肉为互补性消费品，当期牛肉价格越高，农村人均羊肉消费量越少；农村人均纯收入的回归系数为正，表明农村人均纯收入对农村人均羊肉消费存在正向影响作用。当期牛肉生产者价格增加 1%，农村人均羊肉消费减少 0.696 1%；农村人均纯收入增加 1%，农村人均羊肉消费增加

0.892 8%。

表 5-4 羊肉模型估计结果

变量	$C3$	$S3$	$W3$	$P3$	$X9$	$X10$
常数项	$-3.299\ 1^{***}$	$2.089\ 3^{***}$	$0.988\ 5^{***}$	$-5.741\ 4^{***}$	$-1.021\ 6^{**}$	$-4.355\ 8^{***}$
$P1$	$-0.143\ 6^{***}$			$0.226\ 7^{**}$		
$P2$	$0.124\ 7^{***}$				$-0.404\ 4^{***}$	$-0.696\ 1^{***}$
$P3$		$-0.042\ 5^{***}$				
$P4$	$-0.049\ 6^{***}$				$0.119\ 4^{**}$	
$L.P2$				$0.344\ 5^{***}$		
$C3$		$0.148\ 4^{***}$		$0.368\ 6^{***}$		
$L.C3$	$0.663\ 7^{***}$					
$L.S3$	$0.684\ 3^{***}$	$0.637\ 3^{***}$				
$L.W3$			$0.609\ 7^{***}$			
$I1$					0.154^{***}	
$I2$						$0.892\ 8^{***}$
T			$0.003\ 4^{**}$			
$D1$						$0.229\ 4^{***}$
$D3$	$-0.025\ 6^{**}$					
$RMSE$	0.01	0.007	0.016	0.08	0.071	0.113
R^2	0.999	0.997	0.938	0.882	0.47	0.837
chi^2	25 064.58	8 337.78	322.82	171.84	22.86	117.45

由上表可知，羊存栏和出栏方程的 R^2 均在 0.99 以上，存栏量和出栏量的拟合程度较好。

5.2.4 禽肉模型

生产模型：

$$\text{Ln}(C4) = \rho_{20} + \rho_{21}\text{Ln}(P4) + \rho_{22}\text{Ln}(P5) + \rho_{24}\text{Ln}(LC4) \tag{32}$$

$$\text{Ln}(S4) = \rho_{10} + \rho_{11}\text{Ln}(P4) + \rho_{12}\text{Ln}(P5) + \rho_{13}\text{Ln}(LS4) + \rho_{14}T + \rho_{15}D1 + \rho_{16}D2 \tag{33}$$

$$\text{Ln}(W4) = \rho_{30} + \rho_{31}\text{Ln}(LW4) \tag{34}$$

消费模型：

$$\text{Ln}(X12) = \rho_{40} + \rho_{41}\text{Ln}(P1) + \rho_{42}\text{Ln}(P2) + \rho_{43}\text{Ln}(P3) +$$
$$\rho_{44}\text{Ln}(P4) + \rho_{45}\text{Ln}(I1) \tag{35}$$

$$\text{Ln}(X13) = \rho_{50} + \rho_{51}\text{Ln}(P1) + \rho_{52}\text{Ln}(P2) + \rho_{53}\text{Ln}(P3) +$$
$$\rho_{54}\text{Ln}(P4) + \rho_{55}\text{Ln}(I2) + \rho_{56}T \tag{36}$$

进出口模型：

$$\text{Ln}(IMQ) = \rho_{70} + \rho_{71}\text{Ln}(IMQP) + \rho_{72}\text{Ln}(P4) + \rho_{73}T \tag{37}$$

$$\text{Ln}(EXQ) = \rho_{80} + \rho_{81}\text{Ln}(EXQP) + \rho_{82}D1 \tag{38}$$

$$\text{Ln}(IMQP) = \rho_{90} + \rho_{91}\text{Ln}(P1) + \rho_{92}\text{Ln}(P2) + \rho_{93}T + \rho_{94}D1 \tag{39}$$

$$\text{Ln}(EXQP) = \rho_{00} + \rho_{01}\text{Ln}(P2) + \rho_{02}\text{Ln}(P3) + \rho_{03}\text{Ln}(P4) + \rho_{04}T \tag{40}$$

均衡条件：

$$(X12 \cdot PO1 + X13 \cdot PO2 + X14 \cdot PO)/1\,000$$
$$= C4 \cdot W4/1\,000 + IMQ - EXQ \tag{41}$$

上式中，假定 $\text{Ln}(X14)$ 每年增长 0.01。

禽肉模型的估计结果见表 5-5。禽存栏（$S14$）由当期禽肉生产者价格和前期禽存栏决定。当期禽肉生产者价格的回归系数为负，表明禽肉价格升高会减少禽的存栏。前期禽存栏的回归系数为正，表明其对当期禽存栏有正向影响。当期禽肉生产者价格增加 1%，当期禽存栏减少 0.31%；前期禽存栏增加 1%，当期禽存栏增加 0.238 7%。

禽出栏（$C4$）由当期玉米价格和前期禽出栏决定。当期玉米价格和前期禽出栏的回归系数为正，表明当期玉米价格和前期禽出栏均对禽出栏产生正向影响。当期玉米价格增加 1%，当期禽出栏增加 0.075 2%；前期禽出栏增加 1%，当期禽出栏增加 0.908 4%。

禽出栏胴体重（$W3$）由前期禽出栏胴体重决定。前期禽出栏胴体重增加 1%，当期禽出栏胴体重增加 0.730 1%。

城镇人均禽肉消费（$X12$）由当期禽肉生产者价格决定。当期禽肉生产者价格的回归系数为负，表明当期禽肉生产者价格对城镇人均禽肉消费产生负向影响。当期禽肉生产者价格增加 1%，当期城镇人均禽肉消费减少 0.169%。

农村人均禽肉消费（X13）由当期禽肉生产者价格决定。当期禽肉生产者价格的回归系数为负，表明当期禽肉生产者价格对农村人均禽肉消费产生负向影响。当期禽肉生产者价格增加 1%，当期农村人均禽肉消费减少 0.091 8%。

表 5-5　禽肉模型估计结果

变量	S14	C4	W4	X12	X13
常数项	8.197 7***	1.205***	0.110 7***	0.465 7**	−0.458 6*
P4	−0.31***			−0.169**	−0.091 8*
P5		0.075 2***			
L.S14	0.238 7**				
L.C4		0.908 4***			
L.W4			0.730 1***		
T	0.038 9***				
T2				0.352 7***	0.341 4***
D					
D1	−0.069 5**			−0.254 2***	
D2	0.178 5***				0.092*
RMSE	0.026	0.022	0.01	0.094	0.043
R²	0.994	0.998	0.688	0.882	0.985
chi²	3 998.36	14 069.17	71.93	201.37	1 384.2

由上表可知，禽存栏和出栏方程的 R^2 均在 0.99 以上，禽存栏量和出栏量的拟合程度较好。由于禽肉胴体重方程的拟合情况欠佳，假定式（41）中 Ln(W4) 年增长 0.001 4。

5.2.5　肉类进出口模型

肉类进出口模型的估计结果见表 5-6。猪肉进口量（IMP）由当期猪肉进口价格和前期猪肉进口量决定。当期猪肉进口价格增加 1%，前期猪肉进口量减少 0.739%；前期猪肉进口量增加 1%，前期猪肉进口量增加 0.386 8%。

猪肉出口量（*EXP*）由当期猪肉生产者价格、当期猪肉出口价格和前期猪肉出口量决定。当期猪肉生产者价格增加 1%，前期猪肉出口量增加 1.041 7%；当期猪肉出口价格增加 1%，前期猪肉出口量减少 1.871 3%；前期猪肉出口量增加 1%，前期猪肉出口量增加 0.426 6%。

牛肉进口量（*IMB*）由当期牛肉生产者价格、当期牛肉进口价格和前期牛肉进口量决定。当期牛肉生产者价格增加 1%，当期牛肉进口量增加 0.637 3%；前期牛肉进口价格增加 1%，当期牛肉进口量减少 1.084%；前期牛肉进口量增加 1%，当期牛肉进口量增加 0.203 6%。

牛肉出口量（*EXB*）由前期牛肉出口量决定。前期牛肉出口量增加 1%，当期牛肉出口量增加 0.461 7%。

羊肉进口量（*IMS*）由前期羊肉进口量决定。前期进口量增加 1%，当期羊肉进口量增加 0.695 3%。

羊肉出口量（*EMS*）由当期羊肉生产者价格、当期羊肉出口价格和前期羊肉出口量决定。当期羊肉生产者价格增加 1%，羊肉出口量增加 1.207 6%；当期羊肉出口价格增加 1%，当期羊肉出口量减少 1.667 4%；前期羊肉出口量增加 1%，当期羊肉出口量增加 0.414 1%。

禽肉进口量（*IMQ*）由当期禽肉生产者价格、当期禽肉进口价格决定。当期禽肉生产者价格增加 1%，当期禽肉进口量减少 0.769%；当期禽肉进口价格增加 1%，当期禽肉进口量减少 1.133%。

禽肉出口量（*EXQ*）由当期禽肉出口价格决定。当期禽肉出口价格增加 1%，禽肉出口量减少 1.493 6%

表 5-6 肉类进出口量估计结果

变量	IMP	EXP	IMB	EXB	IMS	EXS	IMQ	EXQ
常数项	−3.810 9***	−4.999 6***	−1.995 7***	0.981***	−1.280 5***	−2.183 3***	−5.381 2***	−2.095 3***
P1		1.041 7***						
P2			0.637 3**					
P3						1.207 6***		
P4							−0.769**	
IMPP	−0.739***							

（续）

变量	IMP	EXP	IMB	EXB	IMS	EXS	IMQ	EXQ
EXPP		−1.871 3***						
IMBP			−1.084***					
EXSP						−1.667 4		
IMQP							−1.133***	
EXQP								−1.493 6***
L. IMP	0.386 8***							
L. EXP		0.426 6***						
L. IMB			0.203 6**					
L. EXB				0.461 7***				
L. IMS					0.695 3***			
L. EXS						0.414 1***		
T	0.151 2***		0.122 2***		0.034 3**		0.147 2***	
D1		0.305***	−0.944 8***		1.274 3***			1.205 1***
D2		0.340 9***	−0.491 9***		1.277 4***			
RMSE	0.632 7	0.186 3	0.24	0.291	0.169 7	0.204	0.352	0.141
R^2	0.932	0.792	0.911	0.379	0.993	0.967	0.772	0.919
chi^2	295.49	141.89	251.59	12.28	2 967.14	733.88	73.69	226.38

　　除了猪肉和牛肉出口方程外，其他方程的 R^2 均在 0.99 以上，模型整体拟合程度较好。

　　肉类进出口价格模型的估计结果见表 5-7。猪肉进口价格（IMPP）由当期猪肉生产者价格、当期羊肉生产者价格和当期禽肉生产者价格决定。当期猪肉生产者价格增加 1%，当期猪肉进口价格增加 1.868 1%；当期羊肉生产者价格增加 1%，当期猪肉进口价格减少 2.672 5%；当期禽肉生产者价格增加 1%，当期猪肉进口价格增加 1.078 3%。

　　猪肉出口价格（EXPP）由当期猪肉生产者价格和前期猪肉出口价格决定。当期猪肉生产者价格增加 1%，当期猪肉出口价格增加 0.618 8%；前期猪肉出口价格增加 1%，当期猪肉出口价格增加 0.467 6%。

　　牛肉进口价格（IMBP）由当期羊肉生产者价格和前期牛肉进口价格决定。当期羊肉生产者价格增加 1%，牛肉进口价格减少 1.9457%；前期牛肉进口价格增加 1%，当期牛肉进口价格增加 0.426 2%。

羊肉出口价格（EXSP）由当期牛肉生产者价格和前期羊肉出口价格决定。当期牛肉生产者价格增加 1%，当期羊肉出口价格增加 0.7586%；前期羊肉出口价格增加 1%，当期羊肉出口价格增加 0.426 8%。

禽肉进口价格（IMQP）由当期猪肉生产者价格和当期牛肉生产者价格决定。当期猪肉生产者价格增加 1%，禽肉进口价格增加 0.636%；当期牛肉生产者价格增加 1%，禽肉进口价格减少 0.486 9%。

禽肉出口价格（EXQP）由当期牛肉生产者价格、当期羊肉生产者价格和当期禽肉生产者价格决定。当期牛肉生产者价格增加 1%，当期禽肉出口价格增加 0.446 6%；当期羊肉生产者价格增加 1%，禽肉出口价格减少 0.292 2%；当期禽肉生产者价格增加 1%，禽肉出口价格增加 0.076%。

表 5-7　肉类进出口价格估计结果

变　量	IMPP	EXPP	IMBP	EXSP	IMQP	EXQP
常数项	−8.433 6***	−1.938***	−8.776 5***	0.912 9***	−6.052 2***	−2.068 5***
P1	1.868 1***	0.618 8***			0.636***	
P2				0.758 6***	−0.486 9***	0.446 6***
P3	−2.672 5***		−1.945 7***			−0.292 2***
P4	1.078 3***					0.076*
L.EXPP		0.467 6***				
L.IMBP			0.426 2***			
L.EXSP				0.426 8***		
T			0.084 9***		0.060 8***	−0.026***
D1	−0.640 9**			−0.321 5***	−0.466 4***	
RMSE	0.304	0.063	0.265	0.101	0.136	0.059
R^2	0.837	0.836	0.662	0.881	0.796	0.845
chi^2	148.14	127.16	46.22	178.2	130.07	258.41

方程的 R^2 为 0.662~0.881，模型整体拟合程度较好。

第六章

CHAPTER 6

中国肉类供需长期预测

6.1　外生变量的预测

本书预测模型所需的外生变量预测值见表 6-1。其中 CPI 和人均实际 GDP 增长率采用 USDA 的预测；假定在预测期中国城镇人均实际收入增长率等于人均实际 GDP 增长率，假定农村人均实际收入增长率在 2016—2019 年和 2020—2026 年分别比人均实际 GDP 增长率高 0.015 和 0.01；人口预测数为参照联合国经济和社会事务部人口司 2017 年展望数据作者的估算，放开"二胎"政策后新增人口数变化参考任远（2015）的估算；玉米价格为作者估算。

表 6-1　外生变量预测值

年份	人口（万人）	农村人口（万人）	城镇人口（万人）	农村人均收入（元）	城镇人均收入（元）	平均人均收入（元）	玉米价格（元/斤）	CPI
2017	139 008	57 661	81 347	13 432	36 396	26 870	2.66	637.5
2018	139 728	56 281	83 447	14 507	39 614	29 501	2.78	650.9
2019	140 428	54 881	85 547	15 667	42 419	31 964	2.90	663.9
2020	141 108	53 561	87 547	17 020	45 649	34 782	3.02	680.5
2021	141 768	52 221	89 547	18 484	49 106	37 826	3.15	697.6
2022	142 398	50 851	91 547	20 062	52 543	40 944	3.29	715.0
2023	142 998	49 451	93 547	21 756	56 221	44 303	3.43	732.9
2024	143 548	48 001	95 547	23 605	60 157	47 934	3.58	751.2
2025	144 048	46 501	97 547	25 493	64 368	51 818	3.73	770.0
2026	144 548	45 001	99 547	27 532	68 874	56 003	3.89	789.2

6.2 中国肉类供需预测

在外生变量确定情况下，通过对第五章式（1）至式（41）的联立方程组进行求解，可获得 2016—2025 年肉类产品的生产、消费、进出口和价格的预测值。本书使用非线性规划方法对模型进行求解，使用非线性规划方法求解需要对原联立方程组进行变换，变换后的非线性规划问题的目标函数为：

$$MIN(f) = |(X5 \cdot PO1 + X6 \cdot PO2 + X7 \cdot PO)/1\,000 - (C1 \cdot W1/1\,000 + IMP - EXP)| + |X8 \cdot PO - (C2 \cdot W2/1\,000 + IMB - EXB)| + |(X9 \cdot PO1 + X10 \cdot PO2 + 1.6212 \cdot PO)/1\,000 - (C3 \cdot W3/1\,000 + IMS - EXS)| + |(X11 \cdot PO1 + X12 \cdot PO2 + X13 \cdot PO)/1\,000 - (C4 \cdot W4/1\,000 + IMQ - EXQ)|$$

$$(42)$$

将式（1）至式（40）[除式（13）、（21）和（31）外] 转变为不等式约束，以式（1）为例，变换后的不等式约束为：

$$Ln(S1) - [\alpha_{10} + \alpha_{11}L.Ln(P1) + \alpha_{12}L.Ln(S1) + \alpha_{13}L.Ln(S4) + \alpha_{14}L.Ln(C1) + \alpha_{15}D] \leqslant 0$$

求解所得的各肉种的预测结果见表 6-2 至表 6-5。

表 6-2 猪的供需预测

单位：万吨，万头，元/千克

年份	产量	消费量	进口量	出口量	出栏量	存栏量	猪肉生产者价格
2017	5 501.7	5 555.3	75.3	21.7	70 938.4	44 479.3	879.7
2018	5 561.3	5 628.4	88.1	21.0	71 492.1	43 951.9	1 180.3
2019	5 622.5	5 715.4	111.5	18.6	72 062.0	43 422.1	1 029.5
2020	5 687.4	5 813.9	144.1	17.6	72 675.8	42 992.2	1 279.4
2021	5 751.3	5 929.7	194.5	16.1	73 272.0	42 651.0	1 017.9
2022	5 810.6	6 038.8	245.3	17.1	73 805.9	42 270.6	1 033.7
2023	5 868.9	6 152.5	302.3	18.7	74 323.2	41 976.7	930.4
2024	5 921.7	6 262.6	361.2	20.3	74 767.2	41 726.4	1 412.2

（续）

年份	产量	消费量	进口量	出口量	出栏量	存栏量	猪肉生产者价格
2025	5 963.2	6 374.4	429.6	18.4	75 065.6	41 436.3	1 080.3
2026	6 028.8	6 463.6	455.4	20.6	75 664.0	41 189.2	1 192.7

表 6-2 显示，2026 年中国的猪肉产量将达到 6 028.8 万吨，消费量为 6 463.6 万吨，出栏 75 664 万头，存栏 41 189.2 万头；分别比 2017 年增长 9.6%、16.4%、6.7% 和 -7.4%。猪肉生产者价格基本平稳；猪肉进口将持续增加，2026 年中国猪肉的进口量将达到约 455.4 万吨。出栏存栏比由 2017 年的 1.59 增加到 1.83，这表明生猪的生产率将继续显著提高。

表 6-3　牛的供需预测

单位：万吨，万头，元/千克

年份	产量	消费量	进口	出口	出栏量	存栏量	牛肉生产者价格
2017	731.5	778.3	53.0	6.2	5 199.0	10 233.7	73.0
2018	767.1	816.6	55.7	6.2	5 438.2	10 210.1	100.9
2019	800.5	854.4	60.1	6.2	5 660.2	10 185.2	109.6
2020	828.7	886.7	64.2	6.2	5 844.2	10 159.1	105.7
2021	842.2	896.8	60.8	6.2	5 923.8	10 132.0	95.8
2022	854.0	906.7	58.9	6.2	5 991.6	10 104.0	112.1
2023	869.7	920.2	56.7	6.2	6 085.9	10 075.2	102.7
2024	879.0	935.4	62.6	6.2	6 134.8	10 045.7	153.2
2025	882.7	937.8	61.3	6.2	6 144.9	10 015.7	104.4
2026	906.8	965.6	65.0	6.2	6 296.0	9 987.7	115.3

表 6-3 显示，2026 年中国牛肉产量将达到 906.8 万吨，消费量 965.6 万吨，出栏 6 296 万头和存栏 9 987.7 万头；分别比 2017 年增长 24%、24.1%、21.1% 和 -2.4%。牛肉生产者价格快速上涨，进口增长平稳（假定牛肉年出口量保持不变，为 6.2 万吨）。预测期，牛的存栏量略有下降，出栏存栏比由 2017 年的 0.51 增长到 0.63，表明牛的生产效率在未来 10 年将继续提高。

表 6-4　羊的供需预测

单位：万吨，万只，元/千克

年份	产量	消费量	进口	出口	出栏量	存栏量	羊肉生产者价格
2017	458.8	470.1	15.9	0.2	30 590.4	31 045.9	458.8
2018	473.0	481.5	17.8	0.2	31 421.5	31 400.7	473.0
2019	483.7	492.8	19.9	0.2	32 024.2	31 722.1	483.7
2020	482.8	494	22.2	0.2	31 849.9	31 351.5	482.8
2021	490.8	504.7	24.9	0.1	32 267.1	31 582.9	490.8
2022	501.0	517.7	27.8	0.1	32 819.1	31 979	501.0
2023	526.7	539.1	31.1	0.1	34 386.8	32 886.8	526.7
2024	543.4	559.4	34.8	0.1	35 349.7	33 681.3	543.4
2025	543.1	563	39	0.1	35 206.9	33 373.2	543.1
2026	556.4	597.3	41	0.1	35 946.3	34 413.8	556.4

表 6-4 显示，2026 年中国羊肉产量将达到 556.4 万吨，消费量 597.3 万吨，出栏 35 946.3 万只和存栏 34 413.8 万只；分别比 2017 年增长 21.3%、27.1%、17.5% 和 10.8%。羊肉生产者价格快速上涨。在预测期，羊的存栏和出栏量基本相当，羊的出栏存栏比由 2017 年的 0.99 上升到 1.04。

表 6-5　禽的供需预测

单位：万吨，亿只，元/千克

年份	产量	消费量	进口	出口	出栏量	存栏量	禽肉生产者价格
2017	1 929.6	1 949.7	71.2	39	126.2	56.8	59.8
2018	1 980.9	1 991.4	58.6	33.3	129.3	57.4	83.7
2019	2 029.3	2 043.9	63.9	33.6	132.5	58	102.4
2020	2 070.1	2 081.9	67.9	38.3	134.6	58.3	85.8
2021	2 114.3	2 125.8	71.6	40.9	137.2	58.8	105.5
2022	2 160.1	2 187.4	86.1	38.4	139.9	59.2	104.5
2023	2 204.5	2 242.6	105.2	44.1	142.5	59.6	95.2
2024	2 244.4	2 306.5	124.2	37.5	144.8	59.9	78.9
2025	2 287.6	2 308.5	98.5	50.3	147.3	60.2	118.8
2026	2 352.7	2 411.1	111.2	52.8	151.2	60.5	131.2

　　值得注意的是，中国禽肉产量在 2013 年和 2014 年出现连续两年的下滑，我们猜测这种产量下滑为短期下滑，可能与这两年 H7N9 流感疫情爆发有关，此后禽肉产量恢复了上涨趋势。在未来 10 年，中国禽肉消费继续保持增长趋势。表 6-5 显示，2026 年禽肉产量将达到 2 352.7 万吨，消费量 2 411.1 万吨，出栏 151.2 亿只和存栏 60.5 亿只；分别比 2017 年增长 21.9%、23.7%、19.8% 和 6.5%。预测期，禽肉生产者价格快速上涨。禽的出栏存栏比将由 2017 年的 2.22 上升到 2026 年的 2.5，未来中国家禽的生产效率将进一步提高。

　　中国猪、牛、羊和禽四种肉类的产量之和、消费量之和、进口量之和、出口量之和与中国肉类总产量之和（2017 年，猪、牛、羊和禽四种肉类的产量之和为肉类总产量的 98%，假定预测期猪、牛、羊和禽四种肉类的产量之和与肉类总产量的占比为 98%，并保持不变）见表 6-6。该表显示，2026 年中国四种主要肉类的产量之和、消费量之和与进出口量之和分别为 9 844.7 万吨、10 437.6 万吨、672.6 万吨和 79.7 万吨，肉类总产量为 10 045.6 万吨。对应的肉类年均增长量分别为 286.3 万吨、330.8 万吨、44.9 万吨、0.4 万吨和 292.2 万吨，年均增长率分别为 2.96%、3.32%、12.14%、0.6% 和 2.96%。预计 2026 年中国肉类产量将首次突破 1 亿吨。未来中国肉类进口仍将保持较快增速，出口基本稳定；中国肉类的进口在消费中的比重继续上升，中国四种主要肉类的进口量之和在肉类消费中的比重由 2017 年的 2.5% 上升到 2027 年的 4.7%。

表 6-6　猪、牛、羊和禽总量和肉类总产量的供需预测

单位：万吨

年份	四种肉类产量之和	四种肉类消费量之和	四种肉类进口量之和	四种肉类出口量之和	肉类总产量
2017	8 621.6	8 753.4	215.4	67.1	8 797.6
2018	8 782.3	8 917.9	220.2	60.7	8 961.5
2019	8 936	9 106.5	255.4	58.6	9 118.4
2020	9 069	9 276.5	298.4	62.3	9 254.1
2021	9 198.6	9 457	351.8	63.3	9 386.3
2022	9 325.7	9 650.6	418.1	61.8	9 516.0

（续）

年份	四种肉类产量之和	四种肉类消费量之和	四种肉类进口量之和	四种肉类出口量之和	肉类总产量
2023	9 469.8	9 854.4	495.3	69.1	9 663.1
2024	9 588.5	10 063.9	582.8	64.1	9 784.2
2025	9 676.6	10 183.7	628.4	75	9 874.1
2026	9 844.7	10 437.6	672.6	79.7	10 045.6

OECD-FAO Agricultural Outlook 2018,《中国农业展望报告（2018）》和本书对猪、牛、羊和禽四种主要肉类产量之和的预测对比，见表6-7。OECD和《中国农业展望报告》所预测的2026年四种主要肉类产量之和均低于本书的预测，三种预测的产量分别为9 570万吨、9 560万吨和9 844.7万吨。本书的预测值最高，OECD和《中国农业展望报告》预测较为接近，本书的肉类产量预测值比OECD和《中国农业展望报告》的预测值分别高2.87%和2.98%。2018—2026年，OECD、《中国农业展望报告》和本书预测的四种主要肉类产量之和的年均增长量分别为120.4万吨、127.3万吨和132.8万吨；年均增长率分别为1.11%、1.12%和1.12%。

表6-7　四种主要肉类产量之和的预测对比

单位：万吨

年份	OECD-FAO	中国农业展望报告	本书预测
2018	8 607	8 542	8 782.3
2019	8 773	8 699	8 936
2020	8 905	8 899	9 069
2021	9 034	8 920	9 198.6
2022	9 139	9 068	9 325.7
2023	9 242	9 196	9 469.8
2024	9 347	9 312	9 588.5
2025	9 458	9 434	9 676.6
2026	9 570	9 560	9 844.7

OECD、《中国农业展望报告》和本书的四种主要肉类的产量之和预

测趋势见图 6-1。在预测期，本书的预测值在每个年份均略高于 OECD 和《中国农业展望报告》的预测。

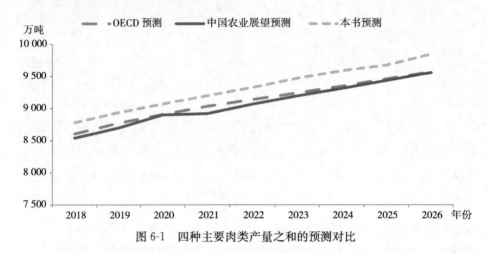

图 6-1　四种主要肉类产量之和的预测对比

第七章

CHAPTER 7

结　论

第一，生产方面。1990 年代至今，中国肉类总产量的年均增速和年均增长量均呈现下降趋势。2010—2017 年中国肉类总产量的年均增速仅为 1％，年均增长量为 81.5 万吨。未来，中国肉类生产的规模化程度和生产效率有望进一步提高；肉类总产量仍将呈现低速增长趋势。

第二，消费方面。过去 30 多年，中国肉类消费与生产增长大体同步，价格上涨幅度较大。收入增长、城市化和人口数量增长是影响中国肉类消费增长的三个主要因素。其间，中国肉类的生产者价格和消费价格涨幅较大，远超同期 CPI 涨幅。未来 10 年，随着人口增量、城市化和经济增速放缓，中国肉类消费增长也将趋于平稳。

第三，官方统计年鉴的肉类生产数据仍然存在虚增。首先，官方统计年鉴仅对 1996 年、2000—2006 年中国肉类生产数据进行了调整，而没有对 1995 年以前和 1997—1999 年中国肉类生产数据进行调整。其次，统计年鉴对相关年份肉类生产数据的调整并不充分。本书依据两次农业普查结果对中国的肉类历史生产数据进行了修正。

第四，主要国际组织对中国肉类生产数据的预测存在系统性偏差。USDA 和 FAO 对 2014 年以前的中国肉类生产数据预测存在系统性低估，而对 2015 年以后的数据预测存在高估。我们推测依据两次农业普查结果进行调整后的官方肉类生产数据仍存在虚增的可能是导致这些预测存在系统偏差的主要原因。

第五，中国肉类的产量和出栏量究竟是多少，仍然存在一定程度的未知性。虽然通过两次全国农业普查获得了相对准确的中国畜禽存栏数据，但由于畜禽出栏量与存栏量的虚增幅度可能并不一致。而仅根据农业普查畜禽存栏的虚增比例对畜禽的产量和出栏量数据进行等比例修正，得到的产量和出栏量数据不一定准确。

第六，本书对中国肉类生产数据的修正要优于依据农业普查结果进行调整后的官方肉类数据。一是，本书对中国肉类生产数据的修正本质上是沿袭国家统计局对 2006 年中国肉类生产数据调整的思路；二是本书将可能存在虚增的年份都进行了调整；三是调整幅度更充分，对部分调整不充分的年份数据进行了修正。

第七，2017—2026 年中国肉类生产将继续保持低速增长。2026 年，中国的猪肉、牛肉、羊肉和禽肉产量将分别为 6 028.8 万吨、906.8 万吨、556.4 万吨和 2 352.7 万吨；分别比 2017 年增长 9.6%、24%、21.3% 和 21.9%。2017—2026 年，中国肉类总产量年均增长 1.48%，2026 年中国肉类总产量将达到 10 045.6 万吨，比 2017 年增长 14.2%。2026 年，中国的猪、牛、羊和禽的存栏分别为 41 189.2 万头、9987.7 万头、34 413.8 万只和 60.5 亿只，分别比 2017 年增长 −7.4%、−2.4%、10.8% 和 6.5%；出栏量分别为 75 664 万头、6 296 万头、35 946.3 万只和 151.2 亿只，分别比 2017 年增长 6.7%、21.1%、17.5% 和 19.8%。

第八，2017—2026 年中国肉类消费增长略高于产量增长，肉类进口继续保持高速增长。2026 年中国的猪肉、牛肉、羊肉和禽肉的消费量分别为 6 463.6 万吨、965.6 万吨、597.3 万吨和 2 411.1 万吨，分别比 2017 年增长 16.4%、24.1%、27.1% 和 23.7%。2026 年中国猪、牛、羊和禽四种肉类的进口量之和达到 672.6 万吨，出口量之和达到 79.7 万吨，分别比 2017 年增长 212.2% 和 18.8%，肉类进口增速远高于出口。

第九，中国肉类的生产结构基本稳定。2017 年猪肉、牛肉、羊肉和禽肉产量的四种肉类产量之和占比分别为 63.3%、8.6%、5.5% 和 22.6%；2026 年上述四种肉类占比分别为 61.2%、9.2%、5.7% 和 23.9%。未来 10 年，猪肉产量的占比继续下降；牛肉、羊肉和禽肉的产量占比略升。

第十，中国肉类的生产效率继续提高。2026 年中国的猪、牛、羊和禽的出栏存栏比分别为 1.83、0.63、1.04 和 2.5，分别比 2017 年提高了 15.1%、23.5%、5.1% 和 12.6%。

第十一，中国肉类的价格持续上涨。未来 10 年，猪肉、牛肉、羊肉和禽肉的价格仍将出现一定幅度上涨，涨幅大于同期 CPI 的涨幅。

参 考 文 献

[1] 奥伯特. 中国的食品消费和生产：一些有根据的推测［J］. 中国农村经济，1999
(12)：16-21.

[2] 白军飞，闵师，仇焕广，王晓兵. 人口老龄化对中国肉类消费的影响［J］. 中国软
科学，2014 (11)：17-26.

[3] 曹宝明，赵霞. 基于局部均衡理论的中国大豆及其制品供需变化预测［J］. 中国农
村经济，2011 (9)：23-48.

[4] 曹彦军. 发展油菜籽生物柴油对主要农作物的影响研究［D］. 武汉：华中农业大
学，2008.

[5] 陈成. 城乡居民猪肉消费行为差异分析［J］. 猪业经济，2014 (6)：29-32.

[6] 陈琼. 城乡居民肉类消费研究［D］. 北京：中国农业科学院，2010.

[7] 陈琼，王济民. 中国肉类消费现状与未来发展趋势［J］. 中国食物与营养，2013
(6)：43-47.

[8] 陈琼，吕新业，王济民. 中国禽肉消费及影响因素分析［J］. 农业技术经济，2012
(5)：20-28.

[9] 陈永福，刘春成. 中国杂粮供求：基于局部均衡模型的结构与模拟分析［J］. 中国
农村经济，2008 (7)：53-80.

[10] 陈永福. 中国食物供求与预测［M］. 北京：中国农业出版社，2004.

[11] 程广燕，刘珊珊，杨祯妮，王东阳. 中国肉类消费特征及 2020 年预测分析［J］.
中国农村经济，2015 (2)：76-82.

[12] 戴炜，胡浩. 基于营养目标的中国禽蛋消费需求研究［J］. 中国家禽，2013 (20)：
32-38.

[13] 丁丽娜. 中国羊肉供求的影响因素及未来趋势［J］. 农业技术经济，2014 (9)：
22-31.

[14] 韩昕儒，陈永福，钱小平. 中国目前饲料粮需求量究竟有多少［J］. 农业技术经
济，2014 (8)：60-68.

[15] 韩俊. 中国食物生产能力与供求平衡战略研究［M］. 北京：首都经济贸易大学出
版社，2000.

[16] 胡向东，王济民. 中国猪肉价格指数的门限效应及政策分析［J］. 农业技术经济，

2010（7）：13-21.

[17] 胡向东. 基于市场模型的中国猪肉供需研究 [D]. 北京：中国农业科学院，2011.

[18] 胡向东，王明利. 美国生猪生产和价格波动成因与启示 [J]. 农业经济问题，2013（9）：98-109.

[19] 胡向东，王明利，石自忠. 基于市场模型的中国猪肉供需分析 [J]. 中国农村经济，2015（4）：14-28.

[20] 胡浩，郑微微. 中国城乡居民畜产品及其制品消费需求的预测 [J]. 中国畜牧杂志，2013（16）：35-41.

[21] 黄季焜. 社会发展、城市化和食物消费 [J]. 中国社会科学，1999（4）：103-119.

[22] 黄季焜，李宁辉. 中国农业政策分析和预测模型——CAPSiM [J]. 南京农业大学学报（社会科学版），2003（2）：30-41.

[23] 霍灵光，田露，张越杰. 中国牛肉需求量中长期预测分析 [J]. 中国畜牧杂志，2010（2）：43-47.

[24] 蒋乃华，辛贤，尹坚. 中国城乡居民畜产品消费的影响因素分析 [J]. 中国农村经济，2002（12）：48-54.

[25] 蒋乃华. 全国及分省肉类产品统计数据调整的理论和方法 [J]. 农业技术经济，2002（6）：12-20.

[26] 姜百臣. 中国农村居民食品消费需求实证分析——基于吉林省的微观消费数据 [J]. 中国农村经济，2007（7）：37-44.

[27] 李瑾，秦富，丁平. 中国居民畜产品消费特征及发展趋势 [J]. 农业现代化研究，2007（6）：664-667.

[28] 李瑾. 户外畜产品消费实证研究 [J]. 农业经济问题，2007年增刊：165-169.

[29] 李军，沈政，宣轩. 农民工肉类消费现状及影响因素分析 [J]. 农村经济，2015（8）：42-46.

[30] 李冉，陈洁. 美国生猪养殖业现状、特点及发展经验 [J]. 世界农业，2013（5）：13-26.

[31] 李志强，王济民. 中国畜产品消费及消费市场前景分析 [J]. 中国农村经济，2000（7）：46-51.

[32] 李国祥. 2020年中国粮食生产能力及其国家粮食安全保障程度分析 [J]. 中国农村经济，2014（5）：4-12.

[33] 李建强. 走私及检疫对肉鸡产业影响之经济分析 [J]. 农业与经济，2008（41）：73-109.

[34] 刘合光，孙东升. 中国猪肉消费现状与展望 [J]. 农业展望，2010（1）：35-38.

[35] 刘秀梅，秦富. 中国城乡居民动物性食物消费研究 [J]. 农业技术经济，2005

（3）：25-30.

[36] 卢峰．中国若干农产品产消量数据不一致及产量统计失真问题［J］．中国农村经济，1998（10）：47-53.

[37] 卢秋艳．不同的关税减让方案对中国进口农产品影响的局部均衡分析［J］．国际贸易问题，2008（9）：8-13.

[38] 陆文聪，黄祖辉．中国粮食供求变化趋势预测：基于区域化市场均衡模型［J］．经济研究，2004（8）：94-104.

[39] 陆文聪，祁慧博，李元龙．全球化背景下的中国粮食供求变化趋势［J］．浙江大学学报（人文社会科学版），2011（1）：5-18.

[40] 陆文聪，梅燕．收入增长中城乡居民畜产品消费结构趋势实证研究［J］．技术经济，2008（2）：81-88.

[41] 罗良国，王艳．日本食物消费结构演变及启示［J］．农业经济问题，2007（8）：104-109.

[42] 李辉尚，许世卫，孔繁涛．基于收入分层的中国城镇居民食物消费研究［J］．消费经济，2015（4）：35-41.

[43] 李宁，张瑞荣．内蒙古地区城镇居民肉类消费需求研究［J］．财经理论研究，2013（4）：59-66.

[44] 李瑾，秦富，丁平．中国居民畜产品消费特征及发展趋势［J］．农业现代化研究，2007（11）：664-667.

[45] 刘华，钟甫宁．食物消费与需求弹性：基于城镇居民微观数据的实证研究［J］．南京农业大学学报（社会科学版），2009（9）：36-43.

[46] 刘玉凤，等．基于市场模型的中国羊肉供需研究［J］．中国畜牧杂志，2014（14）：16-22.

[47] 马福玉，余乐安．基于神经网络的中国猪肉年度消费需求量预测研究［J］．系统科学与数学，2013（3）：67-75.

[48] 马恒运．在外饮食、畜产品需求和食品消费方式变化研究［D］．北京：中国农业科学院，2000.

[49] 马恒运，黄季焜，胡定寰．中国农村居民在外饮食的实证研究［J］．中国农村经济，2001（3）：25-32.

[50] 梅燕．中国粮食供求区域均衡变化研究：模型构建与模拟分析［D］．杭州：浙江大学，2008.

[51] 闵师，白军飞，仇焕广，王晓兵．城市家庭在外肉类消费研究——基于全国六城市的家庭饮食消费调查［J］．农业经济问题，2014（3）：90-95.

[52] 农业部市场预警专家委员会．中国农业展望报告：2015-2024［M］．北京：中国农

业科学技术出版社，2015.

[53] 屈小博，霍学喜．农户消费行为两阶段 LES-AIDS 模型分析——基于陕西省农村住户的微观实证 [J]．中国人口科学，2007（5）：80-87.

[54] 全正楠，肖海峰．基于 ELES 模型的中国城市居民食品消费系统分析 [J]．农村经济与科技，2015（9）：102-106.

[55] 任远．即刻"全面放开二胎"完全可行 [OL]．http：//www. thepaper. cn/newsDetail_forward_1286308.

[56] 申秋红，王济民．中国家禽产业经济分析 [M]．北京：中国农业出版社，2012.

[57] 沈辰，穆月英．中国城镇居民食品消费研究 [J]．经济问题，2015（9）：81-86.

[58] 石自忠，王明利，胡向东．中国牛肉市场模型构建与基础模拟 [J]．中国农业大学学报，2015（3）：278-290.

[59] 孙赫，任金政．基于 ELES 模型的中国城镇居民食品消费结构实证分析 [J]．农业展望，2014（7）：70-74.

[60] 孙秀玲，吴学兵，乔娟．基于 Nerlove 模型的中国猪肉供给反应研究 [J]．经济问题，2014（8）：109-112.

[61] 同海梅．基于 AIDS 模型的陕西省城镇居民食品消费结构分析 [J]．农业现代化研究，2015（11）：996-1000.

[62] 夏晓平，李秉龙．中国城市居民户外食品消费行为的实证研究——以对内蒙古自治区呼和浩特市和包头市的调查为例 [J]．内蒙古社会科学（汉文版），2011（3）：110-115.

[63] 萧清仁，黄圣茹．全面开放畜禽产品市场对畜禽产业冲击评估与影响分析 [J]．农业与经济，2008（40）：115-158.

[64] 辛贤，蒋乃华，周章跃．畜产品消费增长对中国饲料粮市场的影响 [J]．农业经济问题，2013（1）：60-64.

[65] 辛翔飞，张怡，王济民．中国畜产品消费：现状、影响因素及趋势判断 [J]．农业经济问题，2015（10）：77-85.

[66] 向洪金，赖明勇．进口倾销对中国产业损害的认定：基于局部均衡 COMPAS 模型的理论与实证研究 [J]．系统工程理论与实践，2012（9）：1871-1881.

[67] 王济民，陈琼．中国肉鸡产业经济 2011 [M]．北京：中国农业出版社，2012.

[68] 王济民，等．城乡居民畜产品消费结构与消费行为 [J]．中国食物与营养，2000（2）：9-12.

[69] 王济民，谢双红，姚理．中国畜牧业发展阶段特征与制约因素及其对策 [J]．中国畜牧杂志，2006（8）：6-11.

[70] 王祖力，王济民．中国畜产品消费变动特征与未来需求预测 [J]．农业展望，2011

（8）：55-59.

[71] 王茵．中国肉鸡生产与消费分析［J］．农业展望，2013（10）：68-74.

[72] 王文智，武拉平．中国城镇居民肉类需求的单位价值弹性估计偏差研究［J］．统计与信息论坛，2013（8）：97-101.

[73] 辛良杰，李鹏辉，范玉枝．中国食物消费随人口结构变化分析［J］．农业工程学报，2018（14）：296-302.

[74] 徐依婷，穆月英．中国城镇居民食品消费需求分析与预测模拟［J］．中国食物与营养，2017（7）：46-50.

[75] 徐上，武拉平．中国城镇居民肉类消费及地区差异分析［J］．中国农业信息，2014（4）：58-60.

[76] 杨春，王国刚，王明利．基于局部均衡模型的中国牛肉供求变化趋势分析［J］．统计与决策，2015（18）：98-100.

[77] 袁学国，王济民，韩青．中国畜产品生产统计数据被高估了吗？——来自中国六省的畜产品消费调查［J］．中国农村经济，2001（1）：48-54.

[78] 袁学国．中国城乡居民畜产品消费研究［D］．北京：中国农业科学院，2001.

[79] 张越杰．中国走私牛肉屡禁不止的成因与对策［OL］．http://www.beefsys.com/detail.jsp? lanm2＝0103＆lanm＝01＆wenzid＝5485.

[80] 张伶燕，葛翔．时间序列模型在中国牛肉产量预测中的应用[J]．中国畜牧杂志，2008（7）：42-45.

[81] 张超，万飞，许伟，杨翠红，汪寿阳．基于一种新的分解——集成模型的中国猪肉年度需求量预测研究［J］．系统科学与数学，2013（1）：76-88.

[82] 张玉梅，王东杰，吴建寨，喻闻，李志强．收入和价格对农户消费需求的影响［J］．系统科学与数学，2013（1）：118-125.

[83] 郑志浩，赵殿枉．收入分布变化对中国城镇居民家庭在外食物消费的影响［J］．中国农村经济，2012（7）：40-50.

[84] 钟甫宁．关于肉类生产统计数字中的水分及其原因的分析［J］．中国农村经济，1997（10）：63-66.

[85] 朱文博，陈永福．世界和中国肉类消费及展望［J］．农业展望，2018（3）：98-107.

[86] Andreyeva T，Long MW，Brownell KD. The Impact of Food Prices on Consumption：A Systematic Review of Research on the Price Elasticity of Demand for Food［J］．American Journal of Public Health. 2010，100（2）：216-222.

[87] Aubert，Claude. Food security and consumption patterns in China［J］．China Perspectives，2008（2）：5-23.

[88] Fuller，F. Policy and projection model for the meat sector in the People's Republic of

China [R] . Technical Report 97-TR 36, Mar. 1997.

[89] Fuller F., Hayes D., Smith D., Reconciling Chinese meat pro-duction and consumption data [J] . Economic Development and Cultural Change, 2000, 49 (1): 23-43.

[90] Fuller, F., D. Hu, J. Huang, D. J. Hayes. Livestock Production and Feed Use by Rural Households in China: A Survey Report [R] . Staff Report 01 SR-96, Nov. 2001.

[91] Karl Skold, Eric Grundmeier, S. R. Johnson. CARD Livestock Model Documentation: Pork [R] . Technical Report 88-TR4. Mar. 1989.

[92] Ma, H., J. Huang and S. Rozelle. Reassessing China's livestock statistics: an analysis of discrepancies and the creation of new data series [J] . Economic Development and Cultural Change, 2004 (52): 445-473.

[93] Meyers, William H., Westhoff, Patrick Fabiosa, Jacinto F. Hayes, Dermot. The FAPRI Global Modeling System and Outlook Process [J] . Journal of International Agricultural Trade and Development, 2009, 6 (1): 1-19.

[94] Okrent, Abigail M., and Julian M. Alston. The Demand for Disaggregated Food-Away-From-Home and Food-at-Home Products in the United States [R] . ERR-139, U. S. Department of Agriculture, Economic Research Service, August 2012.

[95] Ortega, D. L., H. H. Wang, and J. S. Eales. Meat demand in China [J] . China Agricultural Economic Review, 2009, 1 (4): 410-419.

[96] Sands, Ronald D., Carol A. Jones, and Elizabeth Marshall. Global Drivers of Agricultural Demand and Supply, ERR-174, U. S. Department of Agriculture [R]. Economic Research Service, September 2014.

[97] Suk Ho Han, Dae Seob Lee. Impacts of the Korea-U. S. FTA: Application of the Korea Agricultural Simulation Model [J] . Journal of International Agricultural Trade and Development, 2009, 6 (1): 41-60.

[98] Skold, K., E. Grundmeier, and S. R. Johnson. CARD Livestock Model Doc-umentation: Pork [R] . Technical Report 88-TR4, Mar. 1989.

[99] Westhoff, P., R. Baur, D. L. Stephens, and W. H. Meyers. FAPRIU. S. Crops Model Documentation [R] . Technical Report 90-TR17, Dec. 1990.

图书在版编目（CIP）数据

中国肉类局部均衡模型及供需预测/孙振，王济民
著.—北京：中国农业出版社，2019.8
ISBN 978-7-109-25944-7

Ⅰ.①中… Ⅱ.①孙… ②王… Ⅲ.①肉类－均衡模
型－供需形势－研究－中国 Ⅳ.①F326.3

中国版本图书馆 CIP 数据核字（2019）第 207981 号

中国农业出版社出版
地址：北京市朝阳区麦子店街 18 号楼
邮编：100125
责任编辑：赵　刚
版式设计：韩小丽　　责任校对：赵　硕
印刷：化学工业出版社印刷厂
版次：2019 年 8 月第 1 版
印次：2019 年 8 月北京第 1 次印刷
发行：新华书店北京发行所
开本：720mm×960mm　1/16
印张：9
字数：130 千字
定价：39.00 元